采购·仓储·物流工作手册系列

仓库管理员
精细化管理
工作手册

弗布克管理咨询中心　编著

化学工业出版社

·北京·

《仓库管理员精细化管理工作手册》以仓库管理员的工作内容为中心，共分为9个章节，具体包括仓库管理员的岗位职责与要求、仓库规划工作、物资入库工作、仓库储存工作、物资盘点工作、库存控制工作、物资出库工作、仓库安全工作、仓库信息化工作等内容。

通过对本书的学习，仓库管理员可以全面掌握仓库管理的各项工作技能，更好地开展仓库管理工作。

本书既可以作为仓库管理员开展各项工作的指导手册，也可以作为仓库管理员进行自我培训和提升的指导用书。

图书在版编目（CIP）数据

仓库管理员精细化管理工作手册/弗布克管理咨询中心编著. —北京：化学工业出版社，2020.3（2024.5 重印）
（采购·仓储·物流工作手册系列）
ISBN 978-7-122-35938-4

Ⅰ.①仓…　Ⅱ.①弗…　Ⅲ.①仓库管理-手册
Ⅳ.①F253-62

中国版本图书馆 CIP 数据核字（2020）第 007899 号

责任编辑：王淑燕　　　　　　　　文字编辑：林　丹
责任校对：王鹏飞　　　　　　　　装帧设计：关　飞

出版发行：化学工业出版社（北京市东城区青年湖南街 13 号　邮政编码 100011）
印　　装：北京虎彩文化传播有限公司
710mm×1000mm　1/16　印张 12½　字数 233 千字　2024 年 5 月北京第 1 版第 8 次印刷

购书咨询：010-64518888　　　　　　售后服务：010-64518899
网　　址：http://www.cip.com.cn

凡购买本书，如有缺损质量问题，本社销售中心负责调换。

定　价：58.00 元　　　　　　　　　　　　　　　版权所有　违者必究

编写说明

当前，物流这个原来的"黑暗大陆"（德鲁克语）正受到前所未有的关注，在一些领域甚至有"得物流者得天下"的说法。

鉴于此，我们特推出"采购·仓储·物流工作手册系列"图书，旨在解决中国仓储物流业务的规范化运营与精细化执行问题。

向管理要效益，关键在于执行。企业在执行的过程中急需的是实务性的工具。只有运用各类实务性的执行工具，执行到位、有效执行、规范执行、按照制度和流程执行，才能提高企业的执行速度和运营效率，企业才会更加具有竞争力。

可以说，执行力是企业核心竞争力的重要体现，工作流程是企业效率的体现，而速度和细节决定成败。企业如果没有一套精细化的工作执行体系，不把日常管理中的每项工作通过具体的管理工具落到实处，则一切都会浮于表面、流于形式，成为"表面化"管理和"形式化"管理。

正是基于这样的思考，"采购·仓储·物流工作手册系列"从工作内容分析、工作精细化执行两个层面，通过工具、流程、制度、文案、规范、要点、技巧、模板、范例等多种形式，对仓储物流业务管理的各项工作进行详细阐述。

从整体上看，本系列图书涵盖仓储物流业务中的核心业务、关键岗位和关键部门，一方面通过《物流业务精细化管理工作手册》从全局的角度讲解物流业务知识的精细化应用，让读者全面掌握物流管理工作；另一方面通过《采购业务全流程风险管控工作手册》《仓库管理员精细化管理工作手册》《采购人员精细化管理工作手册》《配送人员精细化管理工作手册》四本书，深入对仓储物流核心业务、关键部门和关键岗位的精细化执行进行阐述，关切读者的核心利益，使得本系列形成"1+4"的图书格局，进而提供了仓储物流全业务解决方案。

从内容上，本系列图书将企业日常仓储物流业务各类工作内容进行总结提炼，并将其中的关键环节制度化、模板化、规范化、文案化、工具化和流程化，为仓储物流业务工作人员提供各种可以借鉴的范例、模板、流程和工具。让读者能知道工作的关键是什么，自己具体应当做什么；通过业务的执行细化，读者能知道自己应该运用哪些具体的工具和制度，按照怎样的步骤去执行。最终，形成一套精细化的工作执行体系，以辅助仓储物流业务工作人员胜任本职工作，提升业务执行能力。

综上所述，本系列图书所提供的内容属于"参照式"范本，是仓储物流业务工作人员开展工作的工具书和细化执行手册。为了便于读者更好地应用本系列图书，特提出以下几点意见，以供读者参考。

（1）对于本系列图书提供的工具、制度、流程、文案和模板等，读者可根据所在企业的实际情况加以适当修改，或者参照设计，使之与本企业的实际情况相适应。

（2）读者可根据本系列图书的模式，将所在企业每个部门内每个工作事项清晰描述，并制定出具体执行的操作规范和工作流程。

（3）读者要在实践中不断改进已经形成的制度、模板、工具和流程，以达到高效管理、高效工作的目的，最终达成"赢在执行"的目标。

《仓库管理员精细化管理工作手册》是"采购·仓储·物流工作手册系列"图书中的一本。本书将精细化、工具化、实务化的思路贯穿于每章内容的编写过程中，既能帮助读者系统地把握内容，又能针对读者某一方面的需求提供解决方案。

仓库管理工作，既要关注细节又要精细执行。本书以仓库管理员的具体工作事项为中心，针对仓库管理员的某一项工作，提供了规范化运作的解决方案，有制度、有流程、有方法、有工具、有要点、有关键，将执行工作落实到具体的岗位、人员、问题，并给出了可操作的方案。

本书依照仓库管理员的工作内容，将其划分为 9 个章节，具体包括仓库管理员的岗位职责与要求、仓库规划工作、物资入库工作、仓库储存工作、物资盘点工作、库存控制工作、物资出库工作、仓库安全工作、仓库信息化工作等内容。书中包含大量图表和实用的模板，简单明了，使读者即学即用。

本书是企业仓储部进行规范化管理必备的工具书，也是仓库管理员进行规范化操作的指导手册。本书的内容编排和写作，呈现以下特点。

1．一项项说工作

先按照仓库管理工作大项，一项项拆解工作，并对每个具体的工作从不同的纬度进行详细解析，给方法，给工具，说流程，讲规范。融知识于具体工作，就具体工作说技能，实现知识＋技能＋工具的内容展示模式。

2．一组组来讲解

本书各章节中的内容，通过流程＋方法＋工具、步骤＋原则＋要点、策略＋规范＋关键点、要点＋文书＋措施等不同模块的组合，来展现和解析每项具体工作，使其内容更加直观，更便于读者的使用。

3．一点点来细化

本书通过不同内容的不同编写方法，将执行细化到底，具有很强的针对性与实用性，体现了精细化执行的理念，读者可以快速查阅本书的内容并将其应用于仓库管理工作中，进而帮助仓库管理员提高工作效率。

本书既可以作为仓库管理员开展各项工作的指导手册，也可以作为仓库管理员进行自我培训和提升的指导用书，同时本书也可以作为高等职业院校相关专业的教材使用。

全书由弗布克管理咨询中心统撰定稿。程淑丽编写了本书的第 1～4 章，张丽萍编写了第 5 章，张小会编写了第 6、7 章，金丹仙编写了第 8 章，贾月编写了第 9 章。

本书在编写的过程中难免有不妥之处，望广大读者批评指正。

编著者

2019 年 12 月

目 录

第3章　物资入库工作 / 29

第4章　仓库储存工作 / 57

第5章　物资盘点工作　/ 95

第6章　库存控制工作　/ 111

第7章　物资出库工作 / 127

第8章　仓库安全工作　/ 153

第9章　仓库信息化工作　/ 173

第1章

仓库管理员的岗位职责与要求

1.1 仓库管理员的岗位职责

1.1.1 仓库管理员工作职责

在仓库工作过程中，仓库管理员的工作职责如表 1-1 所示。

表 1-1　仓库管理员的工作职责

工作职责	职责细分
仓库规划工作	◆配合领导做好仓库选址、布局管理工作； ◆妥善安排货位，合理高效地利用仓容
物资入库工作	◆合理安排物资的接运或协助运输做好接收工作，确保物资妥善到达仓库； ◆负责审核各项物资的入库手续及验收凭证，确保入库物资的各项凭证完整、准确； ◆对入库物资进行合理编码，确保入库物资具备唯一性的编号，并将编号及时录入仓储系统，易于查找； ◆做好仓库物资储位安排等工作
仓库储存工作	◆做好仓库物资的储存管理，定期对物资储存区域进行通风、干燥，以去霉腐； ◆定期对堆垛或者货架的物资进行整理； ◆定时检查仓库的温度、湿度情况，确保仓库的环境条件适合存放相应的物资，并做好相关记录； ◆定期对仓库物资进行养护，确保仓库内物资的完好； ◆对仓库进行清洁，防止出现仓库病虫害，影响储存物资的质量； ◆识别入库物资是否是易燃、易爆等违规运输的危险品； ◆负责所辖库房的 5S 管理，定时巡查库区
物资盘点工作	◆做好仓库内物资盘点前的准备工作； ◆做好仓库物资的盘点工作，并及时记录盘点结果； ◆协助库存主管做好物资盘点的分析工作，并制定后续的管理策略； ◆处理盘盈、盘亏、损失等情况
库存控制工作	◆根据仓库及物资消耗的实际情况，选择合适的库存控制方法； ◆对各类物资进行动态管理，及时提出采购需求报告； ◆对仓库内发生的滞料、废料予以及时处理； ◆做好仓库内物资的数量监控工作，及时更新系统的仓储数据； ◆对库存接近安全库存的物资提出安全存量预警，并及时申请补货工作
物资出库工作	◆根据出库单据或者订单的要求，做好出库准备工作； ◆根据订单、拣货单及时做好拣货作业，备好出库物资； ◆严格核查出库凭证，确保出库物资与出库凭证相符； ◆监督、指导包装人员的作业，防止野蛮包装破坏物资的包装、形状及质量； ◆做好出库记录，编制出库台账； ◆做好信息系统数据的录入、填写和传递，相关单证、报表的整理和归档

工作职责	职责细分
仓库安全管理工作	◆做好仓库防盗工作,保护仓库财务不受侵害; ◆负责仓库的安全、消防管理,做好仓库防火工作; ◆做好仓库作业过程的安全管理,确保作业员工人身安全得到保障
其他工作	◆做好定期的清账、盘库工作,做到账、卡、物相符,并完成主管领导临时安排的其他工作; ◆根据需要申请使用车辆、驾驶员和装卸工人,就使用和从外部采购仓储设施上向上级主管提出建议

1.1.2　仓库管理员职业素养

1.1.2.1　仓库管理员基本素质

仓库管理员是企业较为重要的岗位,在招聘仓库管理员时,对其素质有着严格的要求。仓库管理员的基本素质说明如图 1-1 所示。

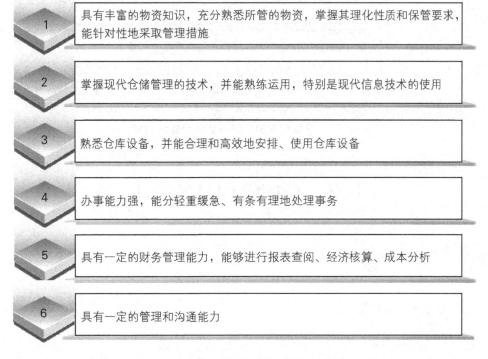

1	具有丰富的物资知识,充分熟悉所管的物资,掌握其理化性质和保管要求,能针对性地采取管理措施
2	掌握现代仓储管理的技术,并能熟练运用,特别是现代信息技术的使用
3	熟悉仓库设备,并能合理和高效地安排、使用仓库设备
4	办事能力强,能分轻重缓急、有条有理地处理事务
5	具有一定的财务管理能力,能够进行报表查阅、经济核算、成本分析
6	具有一定的管理和沟通能力

图 1-1　仓库管理员的基本素质说明

1.1.2.2 仓库管理员职业道德

职业道德是指人们在职业生活中应遵循的基本道德，它既是对本职人员在职业活动中的行为要求，同时又是职业对社会所负的道德责任与义务。

良好的职业道德是每一个仓库管理员必备的素养。仓库管理员所必备的职业道德内容如图1-2所示。

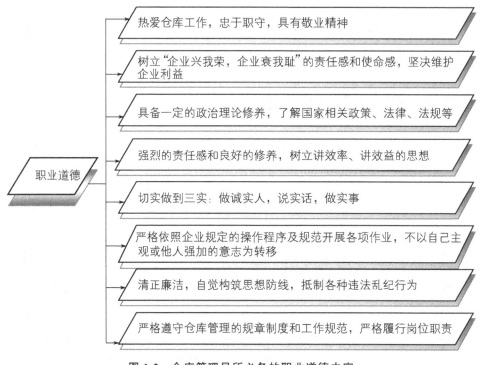

图1-2　仓库管理员所必备的职业道德内容

1.2　仓库管理员的要求

1.2.1　知识要求

1.2.1.1　仓库知识

（1）仓库的功能

仓库是企业物流系统中不可缺少的部分。通过储存适当数量的物资，仓库能够在时间上协调原材料及产成品的需求与供给，为企业的生产及销售活动做必要的调节和缓冲，其功能如图1-3所示。

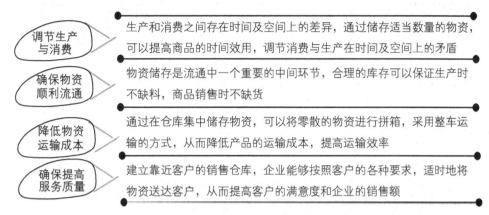

调节生产与消费：生产和消费之间存在时间及空间上的差异，通过储存适当数量的物资，可以提高商品的时间效用，调节消费与生产在时间及空间上的矛盾

确保物资顺利流通：物资储存是流通中一个重要的中间环节，合理的库存可以保证生产时不缺料，商品销售时不缺货

降低物资运输成本：通过在仓库集中储存物资，可以将零散的物资进行拼箱，采用整车运输的方式，从而降低产品的运输成本，提高运输效率

确保提高服务质量：建立靠近客户的销售仓库，企业能够按照客户的各种要求，适时地将物资送达客户，从而提高客户的满意度和企业的销售额

图1-3　仓库的功能

（2）仓库的分类

在了解仓库基本功能的基础上，仓库管理员还要了解仓库的分类及其主要职能，以做到有针对性的管理，提高仓库的运营效率。仓库的分类和职能如表1-2所示。

表1-2　仓库的分类和职能

划分依据	仓库类型		职能说明
仓库在流通环节所负担的职能	采购供应类仓库		储存从全国的生产企业收购和从国外进口来的物资
	批发类仓库		储存从采购供应类仓库调进和在当地收购的物资
	零售仓库		为商业零售企业短期储货，以供卖场销售
	转运仓库		储存商业系统、中转分运和转换运输用具的特运物资，这类仓库一般设在铁路或公路的车站、沿海口岸或江河水路码头附近
	加工仓库		储存物资并兼营某些物资的挑选、整理、分级分装的简单加工
	物流配送仓库		为商业系统物流配送的物资提供储存保管服务
仓库在生产环节所处的领域	生产领域	物料仓库	储存并发放企业生产中所需的原材料、零部件等物料
		成品仓库	储存生产企业已经制成并经检验合格，可以直接进行销售的商品
	流通领域	物流企业中转仓库	对中转物资提供储存保管、物资检验、流通加工、开展配送业务等服务
		零售商仓库	为满足企业业务需要，储存各种零售商品
		国家储备仓库	储存国家为预防自然灾害、战争及各种意外而保存的物资

划分依据	仓库类型	职能说明
仓库隶属关系	工业企业附属仓库	储存企业生产的原材料、零部件、半成品及成品
	储运企业所属仓库	为满足企业经营的需要，暂时储存各种物资
	物资供销机构所属仓库	为本系统的生产储存各种物资
仓库的储存条件	库房	储存受气候条件影响大的物资，如原材料、产品、生产零部件等
	货棚	储存受气候条件影响不大的物资，包括汽车、桶装液体化货物、有色锭材等
	货场	储存大型钢材、水泥制品及集装箱等
仓库储存货物类别	综合性仓库	分区分类储存若干大类货物
	专业性仓库	只储存某一大类货物
	特种仓库	储存性质特殊的货物，特种仓库包括保温库、冷藏库、危险品库等
仓库的作业方式	人力仓库	规模小，采用人工作业方式，主要储存电子元器件、工具、备品备件等物资
	半机械化仓库	入库采用机械作业，如叉车；出库采用人工作业方式，适合储存批量入库、零星出库的物资
	机械化仓库	入库和出库均采用机械作业，如行车、叉车、运输车等，适合储存整批入库、整批出库、体积大、重量重的物资
	半自动化仓库	配备高层货架和运输系统，采用人工操作巷道堆垛机的方式，经常用于储存各种备件
	自动化仓库	以高层货架为主，配备自动巷道作业设备和输送系统的无人仓库

1.2.1.2　检验知识

在物资储存过程中，检验是必不可少的环节。在物资入库、储存保养及出库时，仓库管理员需对物资进行检验。仓库管理员需掌握以下检验知识，以确保物资检验的准确性。

（1）测量工具

验收物资数量时经常用到的工具主要包括测重量的衡器设备与量尺寸的量具设备。

① 衡器设备。仓库储存及保管的物资中，以重量为计数单位的很多，因此，衡器设备是仓库作业中使用最多和最主要的计量设备。

根据仓库收发物资的性质及收发量的大小，仓库一般备置案秤、台秤、汽车衡等衡器设备，它们各自的特点及适用范围如表 1-3 所示。

表 1-3 　衡器设备的特点及适用范围

类型	特点	适用范围
案秤	案秤具有稳定的平衡性,准确性较高,且能很快地称量货物,但称量较小,仓库常用的案秤,最大称量一般在 10～20kg	适用于称量小件或轻质物资,经常在配发小件或轻质物资次数频繁的仓库中使用
台秤	台秤是复式杠杆组成的衡器,最大称量比案称大,有 0.5～3t 多种等级,但其测量精度不如案秤	适合储存小吨位物资的仓库使用,是仓库应用最广泛和必备的衡器设备
汽车衡	汽车衡是比较小型的无轨地下磅秤,当汽车停在其上时,能够迅速称出汽车及其上所载物资的总重,其最大称量一般为 10～15t	适合使用各种非轨行车辆进行收发料搬运作业的仓库

② 量具设备。各种量具也是仓库所必备的设备,用于计量以长度为单位的物资及测量物资的尺寸规格,判断其质量是否符合标准。仓库常用的量具包括普通量具和精密量具。

普通量具主要包括直尺、钢制卷尺、皮尺等,它们各自的特点及注意事项如表1-4 所示。

表 1-4 　常见普通量具的特点及注意事项

量具名称	量具特点	注意事项
直尺	直尺有木制、钢制、塑料制等多种,直尺上通常刻有公制和英制两种刻度,其精度可以精确到毫米,但其测量的总体长度较短,一般为 1m 以下	直尺一般用来测量体积较小的物资,当精度要求超过直尺精度范围时,不能用其度量
钢制卷尺	钢制卷尺的尺身由较薄的钢片制成,长度有 1m、2m、10m、15m、20m、30m、50m、100m 等数种,它的测量精度可以精确到毫米,由于其伸缩性较小,因而测量较准确	平时应用煤油擦拭保养,使用时应注意勿使其扭曲、折断,并要注意防止割破手指
皮尺	皮尺的尺身由麻加铜丝并涂以涂料制成,其测量长度主要有 10m、15m、20m、30m、50m、100m 等,由于其伸缩性较大,因而不及钢制卷尺准确	使用皮尺时,不得拖曳、弯折和拉张,收起时不可过分绕紧或放松

使用各种量尺来度量物资时,量尺必须放正。量长方形物资时,量尺要与被量的物资顶端垂直,与侧边平行;量圆形物资时,量尺要与物资的中心线平行。

精密量具主要有游标卡尺和千分尺两种,用于测量精度要求较高的测量工作中。精密量具说明如表 1-5 所示。

表 1-5　精密量具说明

名称	说明
游标卡尺	根据用途不同,游标卡尺分为普通游标卡尺、高度游标卡尺、深度游标卡尺和齿形游标卡尺四类。仓库中主要使用的是普通游标卡尺,精度有 1mm、0.05mm 和 0.02mm 三种
千分尺	精度较高,可精确到 0.01mm,适用于测量对精度要求高的物资

(2) 质量检验

为了确保物资出入库时的质量并做好物资的储存过程中的保养工作,仓库管理员必须掌握物资质量检验的相关知识。

① 检验的内容。物资质量检验的内容主要分为外观质量检验与内在质量检验两个方面,物资质量检验的内容如图 1-4 所示。

物资质量检验的内容

外观质量检验	内在质量检验
主要指对物资的外形、结构、花样、色泽、气味、触感、疵点、表面加工质量、表面缺陷等进行检验	主要指对物资有效成分的种类含量、有害物质的限量及物资的化学成分、物理性能、机械性能、工艺质量、使用效果等进行检验

图 1-4　物资质量检验的内容

② 检验的方式。在企业仓库作业中,常用的物资质量检验方式主要有免检、全检和抽样检验。物资质量检验的方式如表 1-6 所示。

表 1-6　物资质量检验的方式

检验方式	说明	适用范围
免检	以供货方提供的物资的合格证或有关单位检验后提供的数据为依据,从而确定物资是否合格	◆生产过程稳定,对后续生产无影响的物资; ◆长期检验证明品质优良、信誉很高的物资; ◆国家批准的免检产品或通过产品品质认证的物资
全检	对物资逐个测定,从而判定物资合格与否	◆价值高但检验费不高的物资; ◆生产批量不大、品质不稳定且无严格措施保证质量的物资; ◆精度要求比较高或对下道工序加工影响比较大的物资; ◆手工操作比重较大、品质不稳定的加工工序所生产的物资; ◆客户退回的不合格物资

检验方式	说明	适用范围
抽样检验	按预先确定的抽样方案,从物资中取一定数量的样品构成一个样本,通过对样本的检验推断物资是否合格	◆生产过程稳定、生产批量大、品质比较稳定的物资; ◆数量多、价值低且允许有不合格品混入的物资; ◆需检验物资较多,希望节省检验费用与检验时间的情况; ◆不易划分单位的连续物资; ◆生产效率高、检验时间长的物资; ◆即使有少数不合格也不会造成重大损失的物资; ◆通过检验对供应商改进品质起促进作用,强调生产风险的物资

1.2.1.3 储存知识

物资的储存涉及物理学、化学、微生物学、昆虫学、气象学、商品学等多方面的知识,仓库管理员需通过对物资的自然属性及引起物资质量变化因素的研究,采取适当的储存条件,保证物资的质量。

(1) 物资质量变化的形式

物资质量变化的形式主要包括物理变化、化学变化、生理生化变化及某些生物引起的变化等,具体内容如图 1-5 所示。

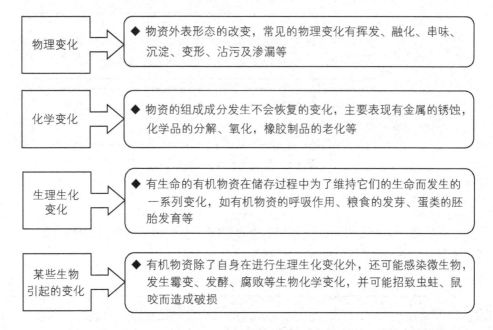

图 1-5 物资质量变化的形式

（2）影响物资质量变化的因素

仓库管理员在明确了物资质量变化的形式后，需准确判断影响物资质量变化的因素，从而对其进行有效的控制，保证物资质量。影响物资质量变化的因素主要有以下两类。

① 内在因素。对物资在储存期间的质量变化起决定作用的是物资的内因，它包括物资的化学成分及其化学性质、物资的物理结构及其物理性质。

② 外在因素。储存期间外部环境的影响也是导致物资质量变化的重要因素，如空气中的氧、日光、温度、湿度、微生物、仓虫和卫生条件等，都会对物资的质量产生影响。

1.2.1.4 自动化知识

自动化就是指在没有人的直接参与下，机器设备所进行的生产管理过程。自动化仓库就是自动化技术与仓储系统的结合。

自动化仓库是能自动储存和输出物资的仓库，它是由多层货架、运输系统、计算机系统和通信系统组成的，集信息自动化技术、自动导引小车技术、机器人技术和自动仓储技术于一体的集成化系统。自动化仓库的功能如图1-6所示。

 入库管理 自动分配货位，并通过输送设备及自动堆垛机将物资放置在分配好的货位上

 出库管理 根据管理人员输入的出库指令及出库单的品种，按一定的原则控制自动堆垛机从相应的货位上取出商品，并将其运输到出库区域

 管理监控设备 通过显示器画面提供系统工作过程，并可打印各种报表、数据，为仓库管理者提供决策依据

图1-6 自动化仓库的功能

1.2.1.5 安全知识

安全是进行其他各种活动的前提，仓库管理安全知识主要包括仓库防盗、仓库消防和仓库作业安全方面的知识，具体如表1-7所示。

表1-7 仓库管理安全知识内容

安全知识类别	安全知识内容
仓库防盗知识	◆与仓库防盗工作相关的基本法律法规知识

安全知识类别	安全知识内容
仓库消防知识	◆《建筑设计防火规范》(GB 50016—2014)中有关仓库存储物资危险性质、仓库耐火等级、层数、占地面积、安全疏散、防火间距、堆放形式等方面的知识; ◆《仓库防火安全管理规则》中关于仓库消防组织管理、物品储存管理、物品装卸管理、仓库电气设备管理、仓库火源管理、消防设施和器材管理等方面的知识; ◆库存物资的物理、化学特点及其特殊的防火、灭火要求; ◆各种消防设施和器材的使用方法及适用范围
仓库作业安全知识	◆与仓库作业活动相关的安全生产及操作知识; ◆与仓库作业人员相关的关于劳动保护的知识

1.2.2　能力要求

1.2.2.1　业务能力

在仓库管理过程中，仓库管理员应熟悉仓库管理业务，具备较强的业务知识水平和能力。仓库管理员必备的业务能力如图 1-7 所示。

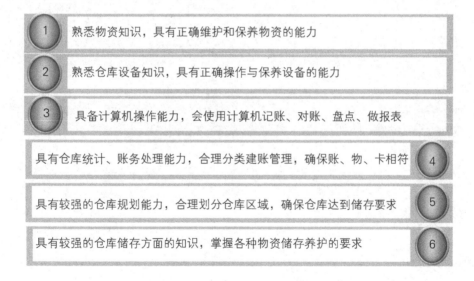

1　熟悉物资知识，具有正确维护和保养物资的能力

2　熟悉仓库设备知识，具有正确操作与保养设备的能力

3　具备计算机操作能力，会使用计算机记账、对账、盘点、做报表

具有仓库统计、账务处理能力，合理分类建账管理，确保账、物、卡相符　4

具有较强的仓库规划能力，合理划分仓库区域，确保仓库达到储存要求　5

具有较强的仓库储存方面的知识，掌握各种物资储存养护的要求　6

图 1-7　仓库管理员必备的业务能力

1.2.2.2　通用能力

通用能力是相对于专业能力而言的，是对于任何职业都能适用的能力，是职业人取得成功的基本能力。通用能力包括观察力与预见力、分析与解决问题的能力、

学习创新能力、沟通协调能力、组织管理能力、团队合作能力等。仓库管理员必备的通用能力如图 1-8 所示。

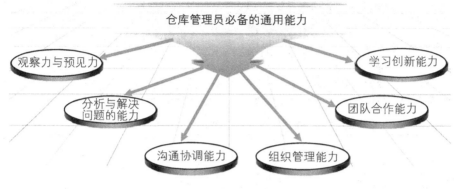

图 1-8　仓库管理员必备的通用能力

第 2 章

仓库规划工作

2.1　仓库选址

2.1.1　步骤：仓库选址的步骤

仓库的选址可分为两个步骤进行，第一步为分析阶段，具体有需求分析、费用分析、约束条件分析；第二步为筛选及评价阶段，根据所分析的情况，初步确定候选地址，然后对候选结果进行定量分析和结果评价，最后进行复查并最终确定选址结果。仓库选址的步骤如表2-1所示。

表 2-1　仓库选址的步骤

主要阶段	主要内容	详细说明
分析阶段	需求分析	◆根据物流产业的发展战略和产业布局,对某一地区的顾客及潜在顾客的分布进行分析
	费用分析	◆工厂到仓库之间的运输费、仓库到顾客之间的配送费、与设施和土地有关的费用及人工费等； ◆运输费随着距离的变化而变动,而设施费用、土地费是固定的,人工费是根据业务量的大小确定的
	约束条件分析	◆地理位置是否合适,是否符合城市或地区的规划； ◆是否符合政府的产业布局,有没有法律制度约束； ◆选址地点的地价情况
筛选及评价阶段	地址筛选	◆对所取得的上述资料进行充分的整理和分析,考虑各种因素的影响并对需求进行预测后,就可以初步确定选址范围,即确定初始候选地点
	定量分析	◆针对不同情况选用不同的模型进行计算,得出结果； ◆对多个仓库进行选址时,可采用奎汉·哈姆勃兹模型、鲍摩·瓦尔夫模型等； ◆对单一仓库进行选址,可采用重心法等
	结果评价	◆结合市场适应性、购置土地条件、服务质量等条件对计算所得结果进行评价,看其是否具有现实意义及可行性
	复查	◆分析其他影响因素对计算结果的相对影响程度,分别赋予它们一定的权重,采用加权法对计算结果进行复查
	确定选址结果	◆在用加权法复查通过后,计算所得的结果即可作为最终的计算结果； ◆所得解不一定为最优解,可能只是符合条件的满意解

2.1.2　原则：4大原则

在仓库选址过程中，应当遵循四大原则：适应性原则、协调性原则、战略性原则和经济性原则。

2.1.3　策略：3大策略

常用的仓库选址策略如图2-1所示。

- 市场定位策略是指将仓库选在离最终客户最近的地方，常用于食品分销仓库的建设
- 影响因素主要包括：运输成本、订货周期、产品敏感性、订货规模、当地运输的可获得性和要达到的客户服务水平

- 制造定位策略是将仓库选在接近产地的地方，通常用来集运制造商的产成品
- 影响因素主要包括：原材料的保存时间、产成品组合中的品种数、客户订购的产品种类和运输合并率

- 中间定位策略是把仓库选在最终客户和制造商之间的中点位置
- 中间定位仓库的客户服务水平通常高于制造定位的仓库，但低于市场定位的仓库

图 2-1　仓库选址的策略

2.1.4　方法1：重心法

重心法适用于运输费率相同的产品，使求得的库址位置离各个原材料供应点（或需求点）的距离乘以各点供应量（或需求量）之积的总和为最小。

重心法简单地将各设施地点抽象为地理坐标，并为每一段运输距离赋予一定的运输费率。那么在运营过程中，会产生从生产地到仓库、仓库到需求地的两部分运输费用。重心法在计算时，通过对两部分运输费用的相加，做出选址模型，并求出运输费用最小的位置，作为仓库的选址。

设有多个生产地 P_i 和需求地 M_i，各自均有一定量的货物需要以一定的运

输费率运向位置为 X 的（X 位置待定）仓库，或从仓库运出，具体如图 2-2 所示。

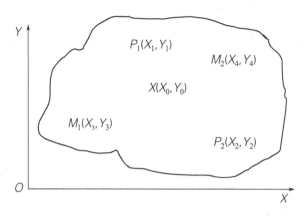

图 2-2　单一仓库与多个生产地和需求地位置分布图

以该点的运量乘以到该点的运输费率，再乘以到该点的运送距离，求出乘积之和最小的点，则为所求仓库的位置。即：

$$\min TC = \sum V_i R_i d_i \tag{2-1}$$

式中，TC 为总运输成本；V_i 为 i 点的运输量；R_i 为 i 点到仓库的运输费率；d_i 为从位置待定的仓库到 i 点的距离。

设：（X_0，Y_0）为位置待定的仓库的坐标，（X_i，Y_i）为产地和需求地的坐标。

距离 d_i 可以由下式估计得到：

$$d_i = K \sqrt{(X_i - X_0)^2 + (Y_i - Y_0)^2} \tag{2-2}$$

式中，K 为一个度量因子，用于将坐标轴上的单位指标转换为更通用的距离度量单位，如英里或公里。

将式(2-2)代入式(2-1)中，并分别求 TC 关于仓库坐标（X_0，Y_0）的一阶偏导数，并令其为零，这样可以得到两个方程式，解这两个方程，可以得到仓库位置的坐标值。

仓库选址 X 精确重心的坐标如下。

$$X_0 = \frac{\sum_i V_i R_i X_i / d_i}{\sum_i V_i R_i / d_i}, \quad Y_0 = \frac{\sum_i V_i R_i Y_i / d_i}{\sum_i V_i R_i / d_i}$$

将 d_i 代入上两式，计算出修正后的（X_0，Y_0）坐标，并根据修正后的坐标值求出修正后的 d_i，并不断重复上述计算过程，直至（X_0，Y_0）坐标不再变化或者变化较小时，即求得较为理想的仓库位置。

2.1.5 方法2：加权因素法

加权因素法是对设施的每项因素规定一个从1～10的权数，表示它的相对重要性，然后对每个因素用A、B、C、D、E进行分级评分（$A=4$分，$B=3$分，$C=2$分，$D=1$分，$E=0$分），对每个备选方案的各个因素进行优劣评级，完成之后用该项得分乘以它们各自的因素权数，并将每个方案各因素的得分加权汇总，就能得出每个方案的总分，加以比价。

本方法适用于各种非经济因素比较，运用本方法的关键是合理确定权数和等级，重要的是要征询决策者的意见。如果有若干个决策部门，则可取它们的平均值。加权因素法可以分别用于地区选择和地点选择，也可以用于分级计分，即先后对若干地区方案和相应的地点方案分别进行计分，然后将地区得分和地点得分相加，按总分进行比较。

2.1.6 方法3：因次分析法

因次分析法是把备选方案的经济因素（有形成本因素）和非经济因素（无形成本因素）同时加权并计算出优异性加以比较的方法。

因次分析法的操作步骤如表2-2所示。

表2-2 因次分析法的操作步骤

步骤	具体操作
1	列出各方案供比较的有形成本和无形成本因素,对有形成本因素计算出金额贴现值,对无形成本因素评出其优劣等级,按从优到劣的顺序给以1、2、3、4…的分值
2	按各成本因素的相对重要性,从重要到不重要的顺序给以4、3、2、1等加权指数
3	计算比较值:$R=\dfrac{\text{备选地点}A\text{的优异性}}{\text{备选地点}B\text{的优异性}}=\left(\dfrac{Q_{A_1}}{Q_{B_1}}\right)^{W_1}\left(\dfrac{Q_{A_2}}{Q_{B_2}}\right)^{W_2}\cdots\left(\dfrac{Q_{A_i}}{Q_{B_i}}\right)^{W_i}\cdots\left(\dfrac{Q_{A_n}}{Q_{B_n}}\right)^{W_n}$ R值小于1则表示地点A的成本低于地点B,地点A优于B

2.1.7 因素：4大影响因素

在进行仓库选址时，主要受自然环境因素、经营环境因素、基础设施状况和其他因素的影响，影响仓库选址的因素如表2-3所示。

表 2-3　影响仓库选址的因素

影响因素	主要内容	详细说明
自然环境因素	气象条件	◆主要考虑年降水量、空气温湿度、风力、无霜期长短、冻土厚度等
	地质条件	◆主要考虑土壤的承载能力,仓库是大宗商品的集结地,货物会对地面形成较大的压力; ◆如果地下存在着淤泥层、流沙层、松土层等不良地质环境,则不适宜建设仓库
	水文条件	◆搜集选址地区近年来的水文资料,远离容易泛滥的大河流域和上溢的地下水区域; ◆地下水位不能过高,故河道及干河滩也不适宜建设仓库
	地形条件	◆仓库应建在地势高、地形平坦的地方,尽量避开山区及陡坡地区,最好选长方地形
经营环境因素	政策环境背景	◆主要考虑选择建设仓库的地方是否有优惠的物流产业政策,对物流产业进行扶持的力度和当地的劳动力素质状况
	顾客需求分布	◆仓库尽量选择建在接近物流服务需求地,如大型工业、商业区,以便缩短运输距离,降低运费等物流费用
	服务水平	◆在选择仓库地址时,要考虑货物是否能及时送达,应保证客户向仓库提出任何需求,都能获得满意的服务
基础设施状况	交通条件	◆仓库的位置必须交通便利,最好靠近交通枢纽,如港口、车站、交通主干道(国、省道)、铁路编组站、机场等
	公共设施状况	◆要求城市的道路畅通,通信发达,有充足的水、电、气、热的供应能力及污水、垃圾处理能力
其他因素	国土资源利用	◆仓库的建设应充分利用土地,节约用地,充分考虑到地价的影响,还要兼顾区域与城市的发展规划
	环境保护要求	◆仓库的建设要保护自然与人文环境,尽可能降低对城市生活的干扰,不影响城市交通,不破坏城市生态环境
	地区周边状况	◆仓库周边不能有火源,不能靠近住宅区; ◆仓库所在地的周边地区的经济发展情况,是否对物流产业有促进作用

2.1.8　工具 1：仓库选址调查表

仓库选址调查表如表 2-4 所示。

表 2-4 仓库选址调查表

序号	地址	占地面积	电源情况	租赁费用	租赁期限	有无紧急搬迁可能	交通状况	周围环境评价	备注

调查人：　　　　　　　　审批人：　　　　　　　　日期：　　年　月　日

2.1.9 工具 2：仓库选址审核表

仓库选址审核表如表 2-5 所示。

表 2-5 仓库选址审核表

仓库项目			项目编号	
用地规模			投资规模	
候选地址	序号	地段	占地面积	相关环境说明
选址约束条件				
可行性分析				
结果评价				
确定选址结果				
仓储部经理审核				
总经理审批				

2.2 仓库布局

2.2.1 构成：3 大构成

一个仓库通常由储存区、辅助生产区和行政生活区三大部分组成。

2.2.1.1 储存区

储存区是仓库的主体部分，是物资储运活动的场所，主要包括储货区、铁路专用线路及道路、装卸站台三部分。储存区各部分的构成及要求如下。

① 储货区。储货区是储存、保管物资的场所，分为库房、货棚、货场三类。储货区的类别及说明如表2-6所示。

表2-6 储货区的类别及说明

类别	说明
库房	◎库房是储存货物的封闭式建筑,根据建筑的结构不同,可以分为砖木结构的库房、水泥混凝土结构库房、全钢结构的库房三类; ◎库房主要用来储存受气候条件影响较大的物资,如一般消费品及大部分生产原材料
货棚	◎货棚是储存货物的设施,只有顶棚,四周并不是封闭的; ◎货棚用来储存受气候条件影响不大的物资,如桶装液体货物、有色锭材、汽车及机械设备
货场	◎货场是用于储存物资的露天的堆场; ◎货场主要用于储存基本不受气候条件影响的物资,如大型钢材、水泥制品

② 铁路专用线路及道路。铁路专用线路是由国家铁路部门直接引入企业，专供一些物流、采矿、大型制造业企业使用的铁路。通过铁路专用线路，运货的火车可以直接沿铁路将物资运到企业仓库内部。

仓库中的道路是仓库内外物资的主要运输通道，供运货的汽车或其他运输工具行驶，物资的进出库和库内物资的搬运都需要通过这些运输线路。

在安排仓库的道路时，仓库管理员要确保物资运输途径的畅通，并将铁路专用线路与仓库内其他道路相通，以保证物资搬运作业的流畅。

③ 装卸站台。装卸站台是供火车或汽车装卸物资的平台，一般有单独站台和库边站台两种。装卸站台的高度和宽度在设计时需根据运输工具及装卸作业方式而确定。

2.2.1.2 辅助生产区

辅助生产区是为物资储运保管工作服务的辅助车间或服务站，包括车库、变电室、油库、维修车间、包装材料间等。辅助生产区应尽量安排在靠近储存区的位置。

2.2.1.3 行政生活区

行政生活区是仓库行政管理机构的办公地点和生活区域，其位置应该与储存区及辅助生产区分开，并保持一定距离，一般设于仓库入口附近，以利于仓储业务的接洽和管理，保证行政办公安静有序地展开。

2.2.2　内容：4项设计内容

仓库布局设计的内容有：仓库平面布置、仓库竖向布局、仓库供给与排水布局、搬运与库区布局。

2.2.3　原则：6大原则

在进行仓库布局设计时，应遵循如图 2-3 所示的原则。

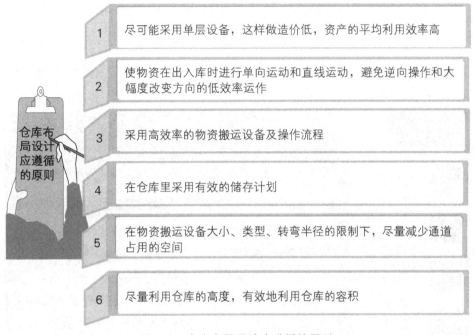

1　尽可能采用单层设备，这样做造价低，资产的平均利用效率高

2　使物资在出入库时进行单向运动和直线运动，避免逆向操作和大幅度改变方向的低效率运作

3　采用高效率的物资搬运设备及操作流程

4　在仓库里采用有效的储存计划

5　在物资搬运设备大小、类型、转弯半径的限制下，尽量减少通道占用的空间

6　尽量利用仓库的高度，有效地利用仓库的容积

图 2-3　仓库布局设计应遵循的原则

2.2.4　方法：2大方法

仓库布局设计的方法主要包括定性关联图法和定量从至图法，具体的方法如图 2-4所示。

2.2.5　因素：7大影响因素

影响仓库布局的因素主要包括仓库的职能、仓库所储存物资的种类、物资储存

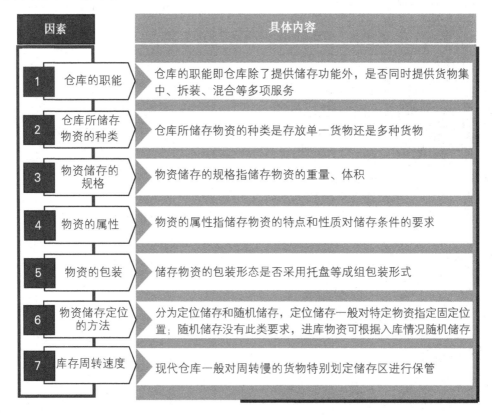

对仓库内部的各种活动之间的相互关系进行定性分析，确定两两活动区域间的关联程度，以此为仓库的空间布置提供设计的依据

定量从至图以资料分析所得出的定量数据为基础，目的是分析各作业区域之间的物料流动规模大小，使设计者进行区域布置时，避免在进行搬运流量大的作业时经过太长的搬运距离，减少人力、物力的浪费，并为设计各区域的空间规模提供依据

定性关联图

定量从至图

图 2-4　仓库布局设计的方法

的规格、物资的属性、物资的包装、物资储存定位的方法和库存周转速度 7 个方面，如图 2-5 所示。

因素	具体内容
1 仓库的职能	仓库的职能即仓库除了提供储存功能外，是否同时提供货物集中、拆装、混合等多项服务
2 仓库所储存物资的种类	仓库所储存物资的种类是存放单一货物还是多种货物
3 物资储存的规格	物资储存的规格指储存物资的重量、体积
4 物资的属性	物资的属性指储存物资的特点和性质对储存条件的要求
5 物资的包装	储存物资的包装形态是否采用托盘等成组包装形式
6 物资储存定位的方法	分为定位储存和随机储存，定位储存一般对特定物资指定固定位置；随机储存没有此类要求，进库物资可根据入库情况随机储存
7 库存周转速度	现代仓库一般对周转慢的货物特别划定储存区进行保管

图 2-5　影响仓库布局的主要因素

2.3 货位规划

2.3.1 原则：4大原则

货位规划应遵循四大原则，如图2-6所示。

1	货位布置要紧凑，提高仓容利用率
2	便于收货、发货、检查、包装及装卸车，灵活合理
3	堆垛稳固，操作安全
4	通道流畅便利，叉车行走距离短

图2-6 货位规划的原则

2.3.2 方式：2大方式

仓库货位规划是指对货位内的货垛、通道、垛间距、收发货区等进行合理的规划，并正确处理它们的相对位置。货位规划的方式一般有垂直式规划和倾斜式规划两种。

2.3.2.1 垂直式规划

垂直式规划是指货垛或货架的排列与仓库的侧墙互相垂直或平行，具体包括横列式、纵列式和纵横式三种形式，具体说明如表2-7所示。

表2-7 仓库货位垂直式规划说明表

形式	说明	特点	图例
横列式	货垛或货架的长度方向与仓库的侧墙互相垂直	◆主通道长且宽，副通道短； ◆整齐美观，便于存取查点； ◆利于通风和采光	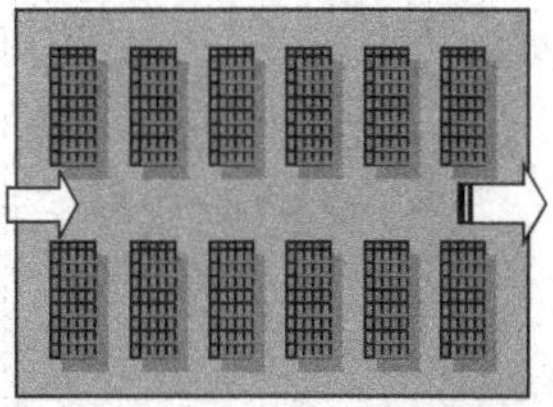

形式	说明	特点	图例
纵列式	货垛或货架的长度方向与仓库侧墙平行	◆在库时间短、进出频繁的物资放置在主通道两侧; ◆在库时间长、进库不频繁的物资放置在里侧	
纵横式	在同一保管场所内,横列式布局和纵列式布局兼而有之	◆可以综合利用两种布局的优点	

2.3.2.2 倾斜式规划

倾斜式规划是指货垛或货架与仓库侧墙或主通道呈 60°、45°或 30°夹角,主要包括货垛倾斜式和通道倾斜式 2 种形式,具体说明如表 2-8 所示。

表 2-8 仓库货位倾斜式规划说明表

形式	说明	特点	图例
货垛倾斜式	横列式布局的变形	便于叉车作业,缩小叉车的回转角度,提高作业效率	
通道倾斜式	仓库的通道斜穿保管区,把仓库划分为具有不同作业特点的区域,如大量储存和少量储存的保管区等,以便进行综合利用	仓库内形式复杂,货位和进出库路径较多	

2.3.3 编号：货位编号

货位编号是指仓库管理人员将库房、货场、货棚及货架按地址、位置顺序统一编列号码，作出明显标示，用以明确物资的储存位置，方便仓储作业。

2.3.3.1 货位编号的方法

仓库管理人员应遵守"编排规律有序"的要求进行货位编号，并需根据企业实际的编号需要，选择合适的货位编号方法。

企业中常用的货位编号方法有地址编号法、区段编号法及品类群编号法三种。

(1) 地址编号法

地址编号法是利用仓库储存区中的现成参考单位，如建筑物第几栋、区段、排、行、层、格等，按相关顺序编号。

"四号定位"法是常见的地址编号方法，它采用一串四个数字号码对货位进行编号，这几个数字号码分别对应库房（货场）、货架（货区）、层次（排次）、货位（垛位）。例如编号"7-9-6-14"指该货位位于7号货场、9号货区、第6排、14号垛位。

(2) 区段编号法

区段编号法就是把储存区分成几个区段，再对每个区段进行编码。仓库管理人员在对仓库进行区域划分时，可以根据物资平均流量的大小确定区域大小。对于平均流量大的物资，可以多划分几个区域；对于平均流量比较小的物资，则应该少划分几个区域。

(3) 品类群编号法

品类群编号法是把一些相关性物资经过集合后，区分成几个品类群，再对每个品类群进行编码。这种方式适用于容易按品类群保管的场合和品牌差距大的商品，如服饰群、五金群、食品群等。

2.3.3.2 货位编号的标示

仓库管理人员需按照标识明显易找的要求，根据货位的标号对货位进行标示，有利于目标物资位置的确定。货位标示的要求如图2-7所示。

2.3.4 工具1：货位卡

货位卡如表2-9所示。

1	对货位的标示要有规律，需按照1、2、3…，或A、B、C…等顺序依次进行标示，不能出现断号或跳号的情况	
2	同一仓库中所有货位的标识符号要统一，不得出现同一仓库内货位标识方法不同的情况	
3	货位的标识要明显，便于寻找	
4	货位标识字迹需书写工整，且其内容需清晰	
5	需在仓库的入口处张贴仓库平面图，标明仓库的仓位、仓门、各类通道、门、窗、电梯等相关内容	

图 2-7　货位标示的要求

表 2-9　货位卡

品名：　　　　　　　　　　　　规格：　　　　　　　　　　　单位：

物资编号	货位号	检验单号	有效期	复验期				
厂家批号								
年	来源去向	入库件数	入库量	出库件数	出库量	结存件数	结存量	签名
月　日								

2.3.5　工具 2：货位统计表

货位统计表如表 2-10 所示。

表 2-10 货位统计表

物资品名	编号	库区号	货架号	货架层、列号

第3章

物资入库工作

3.1 物资接货

3.1.1 流程：物资接货工作流程

物资接货工作流程如图 3-1 所示。

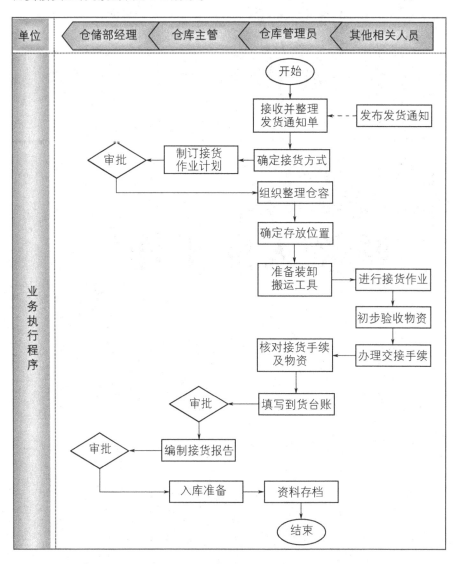

图 3-1 物资接货工作流程

3.1.2　方式 1：铁路专用线路接货

铁路专用线路接货是铁路部门将转运的物资直接运送到仓库内部专用线的一种接运方式。接货人员在接到车站到货的通知后，按照表 3-1 所示的步骤做好接货工作。

表 3-1　铁路专用线路接货的步骤

步骤	工作事项
接车卸货准备	◆接到车到货通知后,接货人员应该首先确定卸车位置,力求缩短场内搬运距离,并准备好卸车所需的人力和工具,确保能够按时完成卸车作业; ◆接货人员在接到车到站的确切报告后,应及时赶到现场,引导货车停靠在预定的位置
卸车前的检查	◆在进行卸货作业前,接货人员首先对车中的货物进行大致的检查,以防止误卸,并划清商品运输事故的责任; ◆检查中若发现问题,接货人员应会同铁路在库值班的司检人员当场复查确认,并编制详细的记录,以留作日后处理问题的依据
卸车作业	◆检查无误后,接货人员应及时安排相关人员进行卸车作业,卸货时要注意物资外包装上的指示性标识,做到正确钩挂、铲兜、升起、下放,防止包装和物资损坏
卸车后的清理	◆卸车作业完成后,接货人员要组织人员对卸货现场进行清理,检查车内物资是否已经全部卸完,然后关好车门、车窗,并通知车站取车
填写到货台账	◆物资卸完后,接货人员要根据物资的情况填写到货台账; ◆到货台账中应该包括到货名称、规格、数量,到货日期,货物发站,发货单位,送货车皮号,货物有无异状等信息
办理内部交接	◆接货工作完成后,接货人员应将到货台账及其他相关资料与收到的物资一并交给仓库管理员,并让仓库管理员为物资办理入库手续

3.1.3　方式 2：车站、码头接货

接货人员到车站、码头等承运单位接货时，需遵循表 3-2 步骤进行。

表 3-2　车站、码头接货的步骤

步骤	内容
安排接运工具	◆接货人员在去车站、码头接货时,应提前与承运单位联系,以了解货物的特性、单位重量、外形尺寸等情况,并据此安排好接货工具
前往承运单位	◆准备好接货工具后,接货人员应带领相关人员一同前往承运单位,准备接货

步骤	内容
出示领货凭证	◆接货人员到达车站后,应向车站出示预先收到的由发货人寄来的"领货凭证"。如果未收到"领货凭证",也可凭单位证明或在货票存查联上加盖单位提货专用章,将货物提回; ◆到码头提货的手续与车站稍有不同,接货人员需在收到的提货单上签名并加盖单位公章或附上单位提货证明,到港口货运处取得货物运单,并到指定的库房提货
检查物资状况	◆在提货时,接货人员首先应根据运单和有关资料认真核对物资的名称、规格、数量、收货单位等信息,然后再对物资进行外观检查,注意其包装是否铅封完好,有无水渍、油渍、受潮、污损、锈蚀、短件、破损等情况; ◆如果发现问题或出现与运单记载不相符合的情况,接货人员应当与承运部门当场检查确认,并让其开具文字证明
装载并运回物资	◆对于检查无误的物资,接货人员应该安排装卸人员对其进行装卸,并将物资安全地运回企业仓库
办理内部交接	◆物资运到仓库后,接货人员要将物资逐一点清,交给接货的仓库管理员,并办理相应的交接手续

3.1.4　方式3：送货到库

送货到库是指供货单位或其委托的承运单位将物资直接送达仓库的一种供货方式。

当物资到达后,接货人员与验收人员应直接与送货人员办理接运工作,当面验收并办理交接手续。如果有差错,仓库管理员应该同送货人查明原因,并由送货人出具书面证明、签章确认,以留作处理问题时的依据。

3.1.5　方式4：自提货

自提货是指接货人员到供货单位提货的接货方式,其步骤如表3-3所示。

表3-3　自提货的步骤

步骤	内容
做好接货准备	◆接货人员在收到提货通知后,应根据所提商品的性质、规格、数量,准备好提货及验收所需的设备、工具和人员
前往供货单位	◆做好接货准备后,接货人员应将检验人员及设备、工具一同带往供货单位。在前往供货单位前,可以先电话联系供货单位,让其先做好产品出库的准备
现场检验	◆到供货单位后,接货人员应当场对商品进行验收,点清数量、查看外观质量并做好验收记录
办理收货手续	◆验收合格后,接货人员应该与供货单位办理好货物的交接手续,填写收货单

步骤	内容
装卸	◆对于检查无误的物资,接货人员应该安排装卸人员对其进行装卸,并将物资安全地运到企业仓库
进行质量复检	◆对于需要进行进一步质量检验的商品,接货人员应通知质量检验部门进行质量检验并提交报告
办理入库手续	◆对验收合格的商品,接货人员通知仓库管理人员办理入库手续,并放入仓库妥善保存

3.1.6 工具：常见的 4 类装卸搬运工具

仓库管理员需熟悉企业中的各种装卸搬运工具,并根据具体的作业要求,选择并准备恰当的搬运工具。常见的装卸搬运工具主要包括起重机械、输送机械、装卸搬运车辆、专用装卸机械四类。装卸搬运工具的分类如表 3-4 所示。

表 3-4　装卸搬运工具的分类

类型	主要作用	特点	常见工具
起重机械	垂直升降货物或兼作货物的水平移动,以满足货物的装卸、转载等作业要求	具有较大的负载,适合搬运体积大、重量沉的货物	轻小型起重机、桥式类型起重机、门式起重机和装卸桥、臂架类型(旋转式)起重机、堆垛起重机
输送机械	以连续的方式沿着一定的线路从装货点向卸货点均匀输送货物的机械	能够连续、循环工作,运动速度高、稳定,消耗功率小,但是输送线路固定,输送货物有局限性,通用性差	带式输送机、斗式提升机、悬挂输送机械、埋刮板输送机、螺旋输送机、滚柱输送机
装卸搬运车辆	实现货物的水平搬运和短距离运输、装卸	机动性好,实用性强,被广泛地用于仓库、港口、车站、货场、车间、船舱、车厢内和集装箱内作业	叉车、搬运车、牵引车和挂车、手推车等
专用装卸机械	带专用取物装置的起重、输送机械或工业车辆	一般进行专用作业	装载机、卸载机、翻车机、堆取料机

3.2　物资验收

3.2.1 流程：物资验收工作流程

物资验收工作流程如图 3-2 所示。

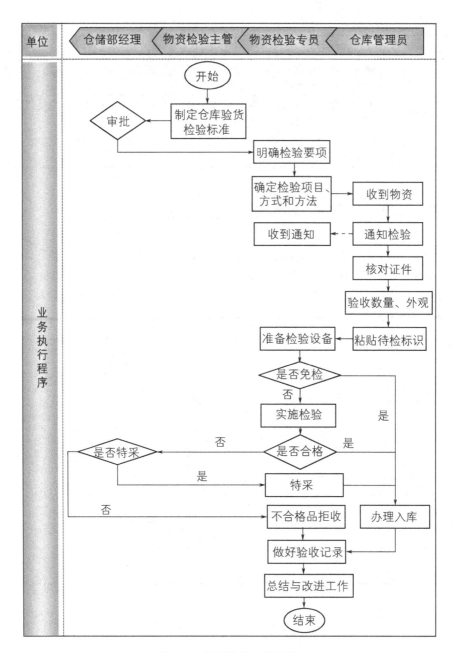

图 3-2　物资验收工作流程

3.2.2　规范：验收工作标准规范

物资验货是核对资证和凭证，并对物资实体进行数量和质量检验的技术活动的总称。具体来说，它是企业借助某种手段和方法，按照合同、标准或国际、国家有关法律法规、惯例，对物资的质量、规格、数量以及包装等方面进行检查，以确定物资能否验收入库。

3.2.2.1　普通物资验收基本规范

一般情况下，普通物资的验收须严格执行五项基本规范，具体如图 3-3 所示。

图 3-3　普通物资验收基本规范

3.2.2.2　电器验收标准规范

电器验收标准规范如图 3-4 所示。

> 1. 电器在入库前必须进行验收，合格后方能办理入库手续
>
> 2. 对大件物资进行全检，包括检查外包装有无破损、受潮、变形，同时需检查质量合格证明是否齐全、型号/规格是否正确、标识是否完好
>
> 3. 对小件电器物资抽样检查，检查内容同大件物资
>
> 4. 如有必要，应要求供应商进行现场安装调试，工作一切正常后办理交接手续

图 3-4　电器验收标准规范

3.2.2.3　包装食品验收标准规范

包装食品验收标准规范如图 3-5 所示。

◆ 对食品外观包装进行检查，查看有无破损、变质、污染、异味

◆ 检查食品标签内容是否真实，包括名称，配料表，净含量，固形物含量，制造者、经销者的名称和地址，日期标注和储藏指南，质量等级，产品标准号，其他特殊标注内容等

图 3-5　包装食品验收标准规范

3.2.2.4　服装类物资验收标准规范

服装类物资验收标准规范如图 3-6 所示。

◆ 检查外观有无破损、污染、褶皱

◆ 检查物资标签内容是否正确，包括名称、厂名、厂址、执行标准、编号、尺寸、成分、洗涤和熨烫标识等

图 3-6　服装类物资验收标准规范

3.2.2.5　化妆品类物资验收标准规范

化妆品类物资验收标准规范如图 3-7 所示。

3.2.2.6　其他物资验收标准规范

其他物资验收标准规范如图 3-8 所示。

3.2.3　关键点 1：核对证件

物资运抵仓库后，仓库管理员应对图 3-9 所示物资凭证进行核对，判定物资是否准确送达。

仓库管理员需按图 3-10 所示的要求对证件进行核对。

对于证件核对无误，或经复查核对无误的，仓库管理员应将物资置于待检区

检查外观，确保其无破损、无污染等

检查标签内容，主要包括以下几个方面：

◆ 产品名称

◆ 制造者名称、地址

◆ 内装物量，净含量或净容量

◆ 日期标注，如生产日期、保质期、生产批号

◆ 生产许可证号、卫生许可证号、产品标准号

◆ 进口化妆品应标明进口化妆品卫生许可证批准文号

◆ 特殊用途化妆品还应标注特殊用途化妆品卫生批准文号

◆ 必要时注明安全警告和使用指南

◆ 必要时应注明满足保质期和安全性要求的储存条件

图 3-7　化妆品类物资验收标准规范

1　◆ 对小百货、文具等物资进行抽样检验

2　◆ 检验内容包括外观检查和标识检查，确保其符合相应的产品要求

3　◆ 对于国家规定进行强制认证和按照生产许可证进行生产的物资，必须按照国家规定对有关证件进行检查、核对；

◆ 核查内容包括认证证书、认证标志、生产许可证、卫生许可证、质量证明书、企业合法性证明文件等

图 3-8　其他物资验收标准规范

域，并及时对其进行数量、质量及包装的验收检查。

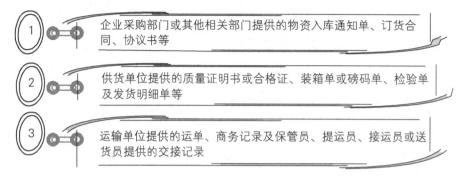

图 3-9　核对证件的类别

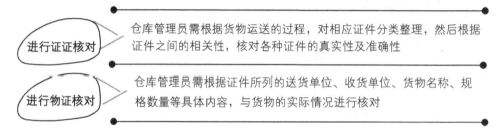

图 3-10　证件核对的要求

3.2.4　关键点 2：验收数量

　　仓库管理员在进行物资数量验收时，需根据物资的特征确定验收对象，具体内容如下。

3.2.4.1　计件物资数量验收

　　对计件的物资，仓库管理员要对物资的数量进行清点，在清点过程中，需根据物资的特征，选择适当的验收方法。企业中计件物资的数量验收方法主要包括逐件点数法、集中堆码点数法、抽检法及重量换算法等方法，具体内容如表 3-5 所示。

表 3-5　数量验收的方法

方法名称	具体内容	适用物资
逐件点数法	采用人工或简易计算器逐一计数,累计以得出总数	一般适合散装的或非定量包装的物资
集中堆码点数法	将物资按照每行、每层件数一致的原则,堆成固定的垛形,然后通过计算得出总数	花色品种单一、包装大小一致、数量大或体积较小的物资

方法名称	具体内容	适用物资
抽检法	按一定比例对物资进行开箱点数	批量大、采用定量包装的物资
重量换算法	通过过磅称得物资的重量,然后换算该物资的数量	包装标准,且物资标准、重量一致

3.2.4.2　计重物资数量验收

对按重量计算的物资,仓库管理员要对其重量进行验收。仓库管理员在确定重量验收是否合格时,可以根据验收的磅差率与允许磅差率相比较来进行判断。若验收的磅差率未超出允许磅差率范围,说明该批物资合格;若验收的磅差率超出允许磅差率范围,说明该批物资不合格。

在重量验收的过程中,如果合同规定了验收方法,仓库管理员应该按照合同规定的验收方法进行验收,以防止人为造成磅差;如合同未对验收方法进行明确,仓库管理员需根据物资的特征选择验收方法,并需在出库验收时采用同样的方法检验物资。

(1) 直接测量法

对于那些没有包装或包装所占重量比较小的物资,仓库管理员可选择直接测量法,将物资直接过磅,以测量其实际重量。常用的方法如下。

① 检斤验收法。检斤验收法指对物资进行打捆、编号、过磅,并填制码单的验收方法,适合非定量包装的、无码单的物资,其物资实际磅差率的计算公式如下。

$$实际磅差率 = \frac{实收重量 - 应收重量}{应收重量} \times 1000‰$$

② 抄码复衡抽验法。抄码复衡抽验法是根据采购时合同规定的比例,抽取一定数量物资,对其进行过磅的验收方法,适合定量包装并附有码单的物资。物资抽验磅差率的计算公式如下。

$$抽验磅差率 = \frac{\sum 抽验重量 - \sum 抄码重量}{\sum 抄码重量} \times 1000‰$$

(2) 净重计算法

对于有包装且占物资重量的比重比较大的物资,仓库管理员可采用净重计算法,即在验收过程中要除去物资的包装,计算其净重。

① 平均扣除皮重法。平均扣除皮重法指按一定比例将物资包装拆下过磅,确定包装的平均重量,然后将未拆除包装的物资过磅,从而求得该批物资的全部皮重和毛重。在使用此方法时,仓库管理员必须合理地选择应拆包装物,以使净重更趋准确。

② 除皮核实法。除皮核实法指选择部分物资分开过磅,分别求得物资的皮重

和净重，再对包装上标记的重量进行核对。核对结果未超过允许差率，即可依其数值计算净重。

③ 整车复衡法。整车复衡法指大宗无包装的物资，如煤炭、生铁、矿石等，检验时将整车引入专用地磅，然后扣除空车的重量，即可求得物资净重。本方法适合散装的块状、粒状或粉状物资的重量验收。

④ 理论换算法。理论换算法是指通过物资的长度、体积等便于测量的因素，利用一些相关的公式，计算出物资重量的方法，其适合定尺长度的金属材料、塑料管材等物资质量的计算。

3.2.5 关键点 3：验收质量

仓库管理员在进行物资数量验收时，需同时进行物资质量的验收。物资质量的验收主要是检验物资的包装和外观质量，具体步骤如下。

3.2.5.1 检验物资包装

物资包装的完整程度及干湿状况与内装物资的质量有着直接的关系，通过对包装的检验，能够发现在储存、运输物资过程中可能发生的意外，并据此推断出物资的受损情况。因此，在验收物资时，仓库管理员需要首先对包装进行严格地验收。物资包装检验注意事项如图 3-11 所示。

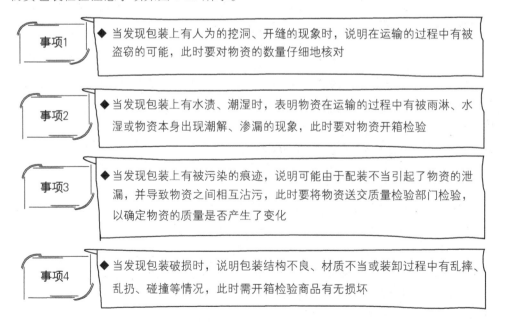

事项1 ◆ 当发现包装上有人为的挖洞、开缝的现象时，说明在运输的过程中有被盗窃的可能，此时要对物资的数量仔细地核对

事项2 ◆ 当发现包装上有水渍、潮湿时，表明物资在运输的过程中有被雨淋、水湿或物资本身出现潮解、渗漏的现象，此时要对物资开箱检验

事项3 ◆ 当发现包装上有被污染的痕迹，说明可能由于配装不当引起了物资的泄漏，并导致物资之间相互沾污，此时要将物资送交质量检验部门检验，以确定物资的质量是否产生了变化

事项4 ◆ 当发现包装破损时，说明包装结构不良、材质不当或装卸过程中有乱摔、乱扔、碰撞等情况，此时需开箱检验商品有无损坏

图 3-11 物资包装检验注意事项

3.2.5.2 检验物资外观质量

物资包装的检验只能判断物资的大致情况，因此，在对物资包装外观检验完成后，仓库管理员需对物资的外观质量进行检验，其检验的内容包括外观质量缺陷检验、外观质量受损情况及受潮、霉变和锈蚀情况检验等。

仓库管理员对物资外观质量的检验主要采用感官验收法，即通过视觉、听觉、触觉、嗅觉来检查物资质量的一种方法。感官验收法实施方式如表3-6所示。

表3-6　感官验收法实施方式

验收方式	方式说明
看	通过观察物资的外观,确定其质量是否符合要求
听	通过轻敲某些物资,细听发声,鉴别其质量有无缺陷
摸	用手触摸包装内物资,以判断物资是否有受潮、变质等异常情况
嗅	用鼻嗅物资是否已失应有的气味,有无串味及有无异臭、异味的现象

对于不需要进一步质量检验的物资，仓库管理员在完成上述检验并判断物资合格后，就可以为物资办理入库手续了。而对于那些需要进一步进行内在质量检验的物资，仓库管理员应该通知质量检验部门对物资进行质量检验，待检验合格后才能够办理物资的入库手续。

3.2.6　关键点4：验收问题处理

3.2.6.1　物资破损问题

物资破损是指物资包装或物资本身因碰撞、刮擦、挤压、水浸、暴晒等导致变形、掉漆、弯曲、污染、失去使用价值等不同程度的损害。

（1）物资破损等级标准以及建议处理对策

仓库管理员在执行物资入库验收工作前，应熟练掌握和运用物资破损等级标准。物资破损等级标准及处理对策说明如表3-7所示。

表3-7　物资破损等级标准及处理对策说明

等级	破损程度描述	处理对策
A级	◎物资外包装破损程度高于40％,物资本身受到损坏,有关技术性能达不到质量标准	◆按实际情况填写验收单,通知采购负责人货损情况,采购人员联系供应商办理退货或换货

等级	破损程度描述	处理对策
B级	◎物资外包装破损程度高于40%,物资外观受到一定程度的损害,但不影响货物使用价值	◆按实际情况填写验收单,通知采购负责人货损情况,采购人同供应商协商解决,或换货,或按降价接收
C级	◎物资外包装破损,破损程度低于40%,丝毫不影响物资性能及美观价值	◆按实际情况填写验收单,准予入库

(2)物资破损问题处理流程

物资入库验收时,如出现物资破损问题,则有关人员应按照图 3-12 所示的工作流程进行处理。

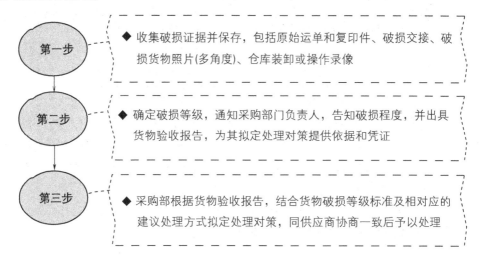

图 3-12　物资破损问题处理的工作流程

3.2.6.2　数量问题

物资入库验收时可能会发现很多的问题,物资数量不符是常见的问题之一。数量问题情况及相应处理对策如图 3-13 所示。

3.2.6.3　质量问题

(1)质量问题划分标准

仓库管理员在物资质量检验完成后,计算物资质量合格率,并通过合格率的大小判定该批货物的验收结果。质量问题划分标准如图 3-14 所示。

(2)质量不达标情况的处理对策

验收后,物资质量不符合验收标准,质量验收人员判定验收结果为不合格时,

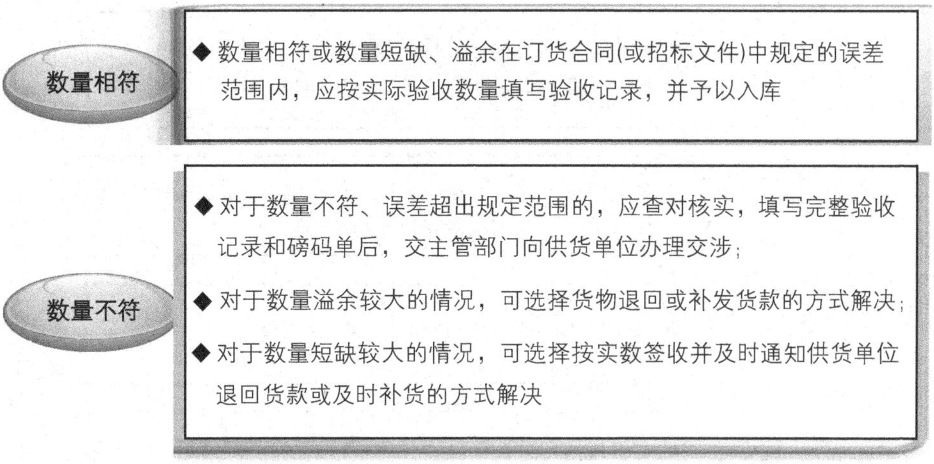

| 数量相符 | ◆ 数量相符或数量短缺、溢余在订货合同(或招标文件)中规定的误差范围内，应按实际验收数量填写验收记录，并予以入库 |

| 数量不符 | ◆ 对于数量不符、误差超出规定范围的，应查对核实，填写完整验收记录和磅码单后，交主管部门向供货单位办理交涉；
◆ 对于数量溢余较大的情况，可选择货物退回或补发货款的方式解决；
◆ 对于数量短缺较大的情况，可选择按实数签收并及时通知供货单位退回货款或及时补货的方式解决 |

图 3-13　数量问题情况及相应处理对策

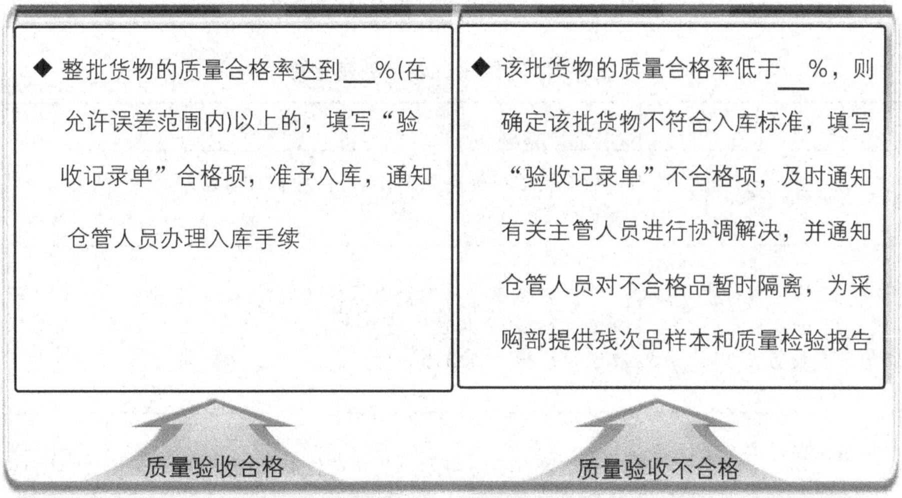

| ◆ 整批货物的质量合格率达到___%(在允许误差范围内)以上的，填写"验收记录单"合格项，准予入库，通知仓管人员办理入库手续 | ◆ 该批货物的质量合格率低于__%，则确定该批货物不符合入库标准，填写"验收记录单"不合格项，及时通知有关主管人员进行协调解决，并通知仓管人员对不合格品暂时隔离，为采购部提供残次品样本和质量检验报告 |

质量验收合格　　　　　　　　质量验收不合格

图 3-14　质量问题划分标准

需采取相应的解决对策。质量不达标情况处理对策如图 3-15 所示。

3.2.6.4　证件问题

仓库管理员在核对过程中发现证件不齐或不符等情况时，需与货主、供货单位、承运单位和有关业务部门及时联系并加以解决。证件核对差错处理措施如表 3-8所示。

 ◆ 物资质量同质量标准相差较大，有关技术性能完全不达标时，及时向供应商交涉，办理退货、换货

 ◆ 物资质量不达标，但不影响使用及最终产品质量时，可以执行特采，并同供应商协商折价处理

 ◆ 与供应商协商，征得其同意后代为修理

 ◆ 物资规格不符或错发，先将规格对的物资予以入库，规格不对的物资做好验收记录交给相应部门办理退货

图 3-15 质量不达标情况处理对策

表 3-8 证件核对差错处理措施

差错类别	处理措施
必要的证件不齐全	仓库管理员需将物资作为待检品处理，堆放在待检区，待证件到齐后再进行验收
无进货合同及任何进货依据，但运输单据上却标明本仓库为物资收货人	仓库管理员在收到物资后应立即与采购部门或发货人联系，问清具体情况，并将该批物资置于待处理区，依实际情况做好记录，待查清后再对其做出处理
供货单位提供的质量保证书与仓库的进库单、合同不符	仓库管理员应将物资放在待处理区，通知采购部门或存货单位，并根据其提出的办法进行处理
有关证件已到库，但在规定时间内物资尚未到库	仓库管理员应及时向采购部门或存货单位反映，以便查询处理

3.2.7 工具 1：到货交接表

到货交接表如表 3-9 所示。

表 3-9　到货交接表

编号：　　　　　　　　　　　　　　　　　　　　　　　　日期：　年　月　日

收货人	发货站	发货人	货物名称	标志标记	单位	件数	重量	货物存放处	车号	运单号	提料单号

提货人：　　　　　　　　　　经办人：　　　　　　　　　　接收人：

3.2.8　工具 2：物资验收报告单

物资验收报告单如表 3-10 所示。

表 3-10　物资验收报告单

编号：　　　　　　　　　　　　　　　　　　　　　　　　日期：　年　月　日

物资名称		规格型号	
数量		单价	
到库时间		验收人员	
抽检数量		抽检方式	
验收记录			
检验项目			
检验标准			
检验结果			
不良品数量			
是否合格			
质检主管意见	签字：　　　　　　　　　　　　　　日期：　年　月　日		
质检部经理	签字：　　　　　　　　　　　　　　日期：　年　月　日		

3.2.9 工具 3：物资拒收表

物资拒收表如表 3-11 所示。

表 3-11　物资拒收表

供货单位：　　　　　　　　　　　　　　　　　　　　　　验收日期：　　年　月　日

送货单号		规格及品名	单位	数量		单价	金额
日期	编号			件数	明细数		
拒收原因							
以上物资 （全部、部分） 拒收、处理情况							

仓储部经理：　　　　　　　　　　　验收人员：　　　　　　　　　　供货单位：

3.2.10 注意：5 大注意事项

所有到库物资，必须在入库前进行验收，只有在验收合格后方可正式入库。物资验收记录是物资在库保管和养护的基础，是仓库提出退货、换货和索赔的依据，是避免货物积压、减少企业经济损失的重要手段。因此，物资验收工作尤其重要，仓库管理员对到库物资进行验收时应注意如图 3-16 所示的事项。

1. 明确质量验收标准

◎ 对于即将入库的物资，在采购订货或产品生产时就按照物资样品明确质量标准(即质量验收标准)，并将样品封存，作为物资验收时的依据

2. 随时验收

◎ 物资运送到仓库后，仓库管理员就要组织有关人员，及时、准确、迅速地进行验收，即做到随时到货、随时验收。验收完毕，填好验收单等应填单据，以备核查

3. 逐层验收

◎ 从仓库上门提货(提货入库方式)或物资运送到仓库(到货入库方式)开始，直到物资入库上架，每个操作环节中都要随着物资的装卸、搬运等，进行逐层验收，明确责任

4. 问题货物单独存放

◎ 凡验收中发现问题等待处理的物资，应该单独存放，妥善保管，防止混杂、丢失、损坏，且在处理前不得动用

5. 及时处理问题

◎ 验收物资时，如出现问题，应及时进行处理。如发现物资质量不符合标准，或与供应商协商退货、换货，或按质论价、降价接收；如物资数量不符，或通知送货人及时补足，或扣除差货款额；对于危及消费者利益的假冒伪劣物资，坚决清退，不予入库

图 3-16   物资验收的注意事项

3.3   物资编码

3.3.1   流程：物资编码工作流程

物资编码工作流程如图 3-17 所示。

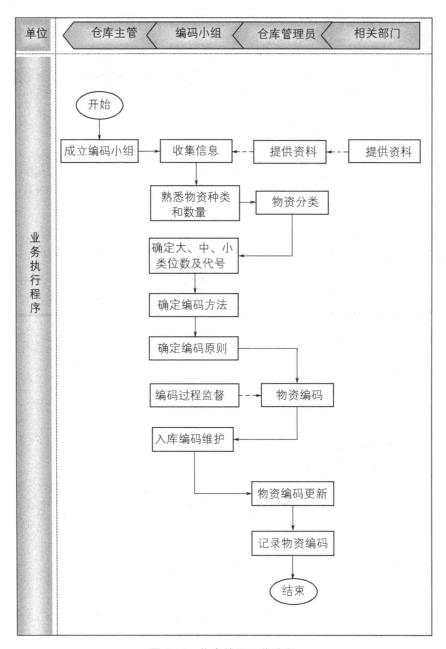

图 3-17 物资编码工作流程

3.3.2 原则：13大原则

在对物资进行编码之前，仓库管理员应熟悉物资编码必须遵循的原则，物资编码原则如表 3-12 所示。

表 3-12　物资编码原则表

原则	具体说明
简单性	◆编码应尽量简单明了,利于工作,减少错误发生的机会
完整性	◆在物资编码时,所有的物资都应有相应的物资编码,不可遗漏
唯一性	◆一个物资编码只能代表一种物资,不能一个物资有数个物资编码,或一个物资编码代表数项物资
规则性	◆编码分类要有规律,并且统一编码规则
可扩展性	◆要考虑未来新成品、新材料发展扩充的情形,为编码留下分类扩展空间;要考虑公司未来的发展,为编码留下长度扩展空间
可读性	◆物资编码应当做到一看到物资就能够识别出该物资是属于哪一类的物资
易记性	◆编号应当和物资之间存在联系,以便于记忆
可使用性	◆编码的长度应在 6～20 字符,不宜过长
一贯通用性	◆物资编码要统一且有一贯性,同一编码原则应能涵盖大多数物资,也能够适应新增加的品种
兼容性	◆公司的物资编码应考虑与主要客户、重要供应商的编码兼容
效率性	◆编码原则要考虑是否有助于提高日常操作的效率
综合性	◆编码原则应与成品、生产、采购、货仓运作、物资控制、财务、使用软件系统等相关方面配合使用
便于计算机管理	◆在编码时要保证便于在计算机中查询、输入和检索

3.3.3　方法 1:层次编码法

层次编码法是将物资按照层次、从属关系进行分类,然后按照物资在分类体系中的层次、顺序,依次进行编码。层次编码法的使用示例如图 3-18 所示。

3.3.4　方法 2:平行编码法

平行编码法是将物资的性质按照互相平行的几个面进行划分,每个分类面确定一定数量的码位,从而对物资进行编码的一种方法。平行编码法的使用示例如图 3-19 所示。

某超市仓库采用层次编码法进行商品编号，其中编号准则为：商品编码分为五部分，依次是商品部组、商品大类、商品中类、商品小类、商品具体型号，其中前四类分别用1~9中的一位数字表示，而具体型号则用01~99中的两位数字编号。

依照上述编码准则，仓库内××电饭锅的编码为51362-7，各号码的释义如下。

5是部组编码——家电部组，编号是5。

1是大类编码——小家电大类，编号是1。

3是中类编码——厨房用具中类，编号是3。

6是小类编码——电饭锅小类，编号是6。

2-7是商品型号编码——××型号，编号是2-7。

图 3-18　层次编码法的使用示例

某服装厂成品仓库采用平行编码法对物资进行编号，其中编号准则如下。

1. 将服装分为面料和款式两面，并给每个面编号。

2. 每个面又可分成若干类目，具体如下表所示。

类目编码表

类目编码	面编码	
	A	B
1	棉	麻
2	休闲	运动

根据上述编码要求，本厂品牌棉制运动套装的编号为1A2B。

图 3-19　平行编码法的使用示例

3.3.5　工具 1：物资编码登记表

物资编码登记表如表 3-13 所示。

表 3-13　物资编码登记表

页次：　　　　　　　　　　　　　　　　　　　　　　　　　　编写日期：　　年　月　日

页号	物资编号	物资名称	规格	物资码	说明

3.3.6　工具2：新增物资编码申请表

新增物资编码申请表如表3-14所示。

表 3-14　新增物资编码申请表

申报单位：　　　　　　　　　　　　　　　　　　　　　　　　编写日期：　　年　月　日

序号	分类码	返回的物资编码		需申请的物资名称	规格型号	单位	计划单价	申报部门	申报日期	编码返回增加日期
		流水码	标准单位							

填报人：　　　　　　　　　　　　　　　　　　　　　　　　审核人：

3.4　储位安排

3.4.1　流程：储位安排工作流程

储位安排工作流程如图3-20所示。

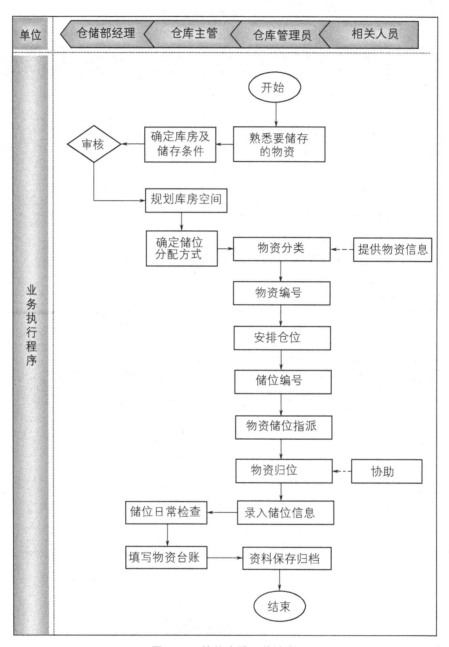

| 单位 | 仓储部经理 | 仓库主管 | 仓库管理员 | 相关人员 |

业务执行程序

开始

确定库房及储存条件 ← 熟悉要储存的物资

审核

规划库房空间

确定储位分配方式 → 物资分类 ← 提供物资信息

物资编号

安排仓位

储位编号

物资储位指派

物资归位 ← 协助

储位日常检查 ← 录入储位信息

填写物资台账 → 资料保存归档

结束

图 3-20　储位安排工作流程

3.4.2　方法：5种方法

储位安排方法主要包括定位储存、随机储存、分类储存、分类随机储存、共同储存五种，这几种方法各有优缺点，企业可根据自己的实际情况进行选择。具体的储位安排方法如表 3-15 所示。

表 3-15　储位安排方法

方法	说明	特点
定位储存	每一项物资都有固定的储位	◆易于管理，搬运时间较少；但需要较多的储存空间； ◆适用于仓库空间大，库存物资数量少、品种多的情况
随机储存	每一个物资的储位不是固定的，而是随机产生的	◆共同使用储位，最大限度地提高了储存空间的利用率； ◆出入库管理及盘点工作的难度较大； ◆不一定能够将周转率高的物资放在出入口较近处，可能增加出入库搬运时的距离； ◆适用于库房空间有限、种类少、体积大的物资储存
分类储存	按照物资相关性、流动性、尺寸和重量以及物资特性来分类储存	◆给每一类货品指定了储区，便于存取； ◆具有定位储存的各类优点； ◆储位必须按照各分类物品的最大在库量的总和安排储位； ◆空间利用率比随机储存方式低，比定位储存方式高； ◆适用于相关性大、经常被同时订购、周转率差别大的物资储存
分类随机储存	每一种物资有固定储区，各储区中每个储位是随机的	◆吸收分类储存的部分优点，可节省储位数量，提高储区利用率； ◆物资出入库管理及盘点工作的难度较高
共同储存	当确定物资出入库时间时，相容的物资可使用相同储位	◆减少占用储位空间，缩短搬运时间，有一定的经济性； ◆管理较复杂，适用条件也比较苛刻

3.4.3　编号：储位的编号

储位编号是将库房、货棚、货场、货垛、货架的具体位置进行有序、统一的号码编列，并制作出明显标志。

储位编号必须符合"标志明显易找，编排循规有序"的原则，并且标志设置要适宜。标志制作要规范，间隔要恰当。储位编号方法如图 3-21 所示。

3.4.4　要求：特殊物资储位安排的要求

对易燃、易腐、易污损、易窃等特殊物资的储位安排需遵循如图 3-22 所示的要求。

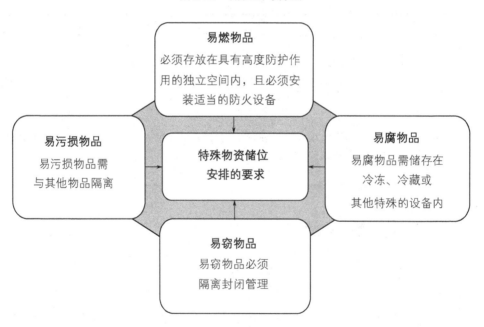

储位编号方法

储存区域的编号	货位的编号	货架各货位的编号
整个仓库各个储存区域的编号，可按照一定的顺序(如自左向右或自前向后)各自连续编号，编号标示在醒目处(如仓库外墙上、库门上或水泥地坪上)	仓库内各货位的编号，可按仓库内干支道的分布，划分若干货位，按顺序编号，并将编号标示悬挂于明显处	对每个货架上的具体货位按层、格进行编号，一般编号规则为从上到下、从左到右、从里到外

图 3-21　储位编号方法

易燃物品
必须存放在具有高度防护作用的独立空间内，且必须安装适当的防火设备

易污损物品
易污损物品需与其他物品隔离

特殊物资储位安排的要求

易腐物品
易腐物品需储存在冷冻、冷藏或其他特殊的设备内

易窃物品
易窃物品必须隔离封闭管理

图 3-22　特殊物资储位安排的要求

3.4.5　工具 1：储位安排记录表

储位安排记录表如表 3-16 所示。

表 3-16 储位安排记录表

编号：   日期：   年 月 日

物资编号	物资基本信息				储位信息
	品名	数量	规格	储位编码	储位位置

审核人：   经办人：

3.4.6　工具 2：物资储位查询表

物资储位查询表如表 3-17 所示。

表 3-17　物资储位查询表

物资品名		型号	
物资编号		规格	
大类		种类	
小类			
物资储位			
储位编号			

查询人：   审核人：

3.4.7　工具 3：预备储区分类表

预备储区分类表如表 3-18 所示。

表 3-18　预备储区分类表

分类	数量	预备编号	位置
待检区			
待处理区			
合格物资储存区			
不合格物资储存区			
其他储存区			

第4章

仓库储存工作

4.1 物资堆码

4.1.1 流程：物资堆码工作流程

物资堆码工作流程如图 4-1 所示。

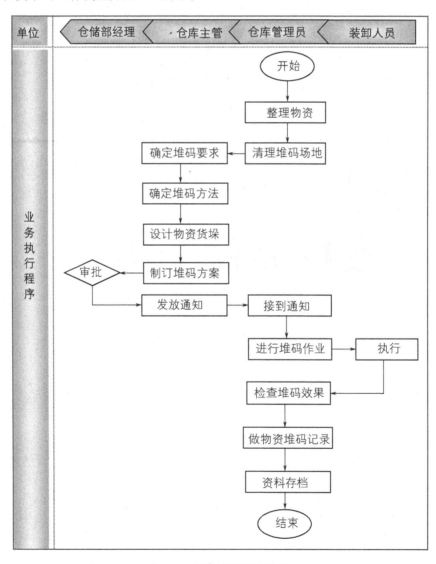

图 4-1 物资堆码工作流程

4.1.2　方法1：散堆式堆码法

散堆式堆码是直接用堆场机或者铲车将物资堆高，在达到预定的货垛高度时，逐步后推堆货，使后端先形成立体梯形，最后成垛。

由于散货具有流动、散落性，堆货时不能太靠近垛位四边，以免散落使物资超出预定的货位。

散堆法适用于没有包装的大宗物资，如煤炭、矿石等，也可适用于库内少量存放的谷物、碎料等散装物资。

4.1.3　方法2：货垛式堆码法

对于有包装的物资或者裸装的有特定形状的计件物资，可以采取堆垛的方式进行储存，以做到仓库内整齐，并方便作业和保管。

仓库管理员需根据物资的特点及堆码现场的条件，确定堆码垛形。企业中常见的物资堆码垛形有重叠式、纵横交错式、仰伏相间式、压缝式、通风式、栽柱式、衬垫式、宝塔式等。垛形的分类及特点如表4-1所示。

表4-1　垛形的分类及特点

垛形	摆放方式	特点	适用物资
重叠式	货垛各层物资的排列方法和数量一致	空间利用率高,配备托盘可采用机械化操作,是仓库中最常用的物资堆码的垛形	适合体积较大、包装质地坚硬的物资,如中厚钢板、集装箱及其他箱装货物
纵横交错式	将长短一致,宽度排列能与长度相等的物资,一层横放,一层竖放,纵横交错堆码,形成方形垛	垛形稳固,也是仓库码垛的主要垛形之一	适合长短一致的长条形货物,如小型方钢、钢锭,长短一致的管材、棒材,狭长的箱装材料等
仰伏相间式	仰伏互相交错堆码,并保持一头高一头低,以便于雨水排放	货垛牢固,减少雨水腐蚀	适合钢轨、槽钢、角钢等在露天货场堆码的货物

垛形	摆放方式	特点	适用物资
压缝式	每层物资有规则地排列,将垛底底层排列成正方形、长方形或环行,然后起脊、压缝、上码,由正方形或长方形形成的垛,其纵横断面呈层脊形	层层压缝,货垛稳固,不易倒塌;储存大宗物资时便于分批出库,逐一腾出小垛占用的仓容	长方形包装的物资,适合阀门、缸、建筑卫生陶瓷和桶装货物
通风式	摆放方法基本上与压缝式相同,但在每件物资的前后左右留出一定的空隙,常见的垛形有"井"字形、"非"字形、"示"字形等	物资间留有通风的空隙,容易散发物资的温度和水分,便于物资通风、散潮	适用于易霉变、需通风散潮的货物,如木材制品等
栽柱式	在货垛的两旁各栽两三木柱或钢棒,然后将中空钢、钢管等长大五金材料平铺在柱子中,在货物两侧相对立的柱子中用铅丝拉紧,以防倒塌	便于柱形物资堆码,防止货垛倒塌,多用于货场	适用于货场堆放长大五金物资、金属材料中长条形材料,如圆钢、中空钢、钢管等
衬垫式	在每层或每隔两层物资之间夹进衬垫物,使货垛的横断面平整,货垛牢固	通过衬垫物与物资互相牵制,加强货垛的稳固性	适合无包装、不规则且较重的物资,如电动机、阀门等
宝塔式	宝塔式堆垛与压缝式堆垛类似,但压缝式堆垛是在两件物体之间压缝、上码,宝塔式堆垛则在四件物体中心上码,逐层缩小	既可以使货垛稳固,又能够节约仓容	适用于圆形成圈(或环形)的物资,如铅丝、盘条、电线等

仓库管理员在选择物资堆码形式时，要根据物资实际的物理及化学特点，灵活应用表 4-1 中的 8 种码放方法。对于某些形状特殊的物资，还可以根据物资的特点，设计出新的堆垛形状。

4.1.4 方法 3：货架式堆码法

货架式堆码法是指把物资堆放在货架上的方法。这种方法主要适用于标准化的物资，带包装、密度较小的物资以及不带外包装的各种零星小物资。

货架根据分类依据不同，其类型也不同。企业中常见的货架分类依据如下。

4.1.4.1 按货架储存物资的适用范围分类

根据货架储存物资的适用范围，储存货架可分为通用货架、长形货架及特种货架三类。

（1）通用货架

通用货架一般用金属材料或木材、硬质塑料制成，其适用范围较广、适用性较强，适用于多种形状、多种规格物资的储存。此类货架常见的有层架、格架、抽屉架、橱架等，其具体结构、特点及用途如表 4-2 所示。

表 4-2 通用货架的分类

类型	结构	特点	用途
层架	由框架和层板构成的货架，分为数层，层间可存放物资	结构简单，实用性强，便于物资的收发作业	储存有包装、可以堆码的物资
格架	在层架的基础上，将某些层或所有层用隔板分成若干格	每个货格上只能存放一种物资，不易混淆	储存品种多、规格复杂的无包装、不能堆码的物资
抽屉架	与层架也相似，但每一层中有若干个抽屉，用于封闭储存物资	具有防尘、防湿、避光、防冻的作用，储存物资不宜混淆、丢落	储存小件贵重物资、药材、刀具等
橱架	将货架分成若干封闭橱格，各格前面装有可开闭的橱门	属于封闭式储存，特点与抽屉架基本相同	用于储存贵重物资、精密仪器等

（2）长形货架

长形货架适用于存放长形物资，如金属管材、长木材、型材等，一般包括 U 形架、悬臂架、栅架等，其各自的结构、特点及用途如表 4-3 所示。

表 4-3　长形货架的分类

类型	结构	特点	用途
U 形架	外形呈 U 形,组合叠放时呈 H 形,成双使用	结构简单、实用,且机械强度大、叠码堆放时仓容利用效率高,价格低,能实现机械化装卸作业	储存长条形的大型的管材、型材、棒材等
悬臂架	外形似塔式悬臂,并且由纵梁相连而成,分单面和双面两种	属于边开式的货架,不便于吊装等机械化操作,因而存取作业强度较大	储存长条形的轻质材料、长条形金属材料等
栅架	外形似栅栏,分固定式和活动式两种	存取容易,可实现机械化、自动化作业	储存长条形的笨重物资

(3) 特种货架

特种货架是为适应某些物资的特殊形状及性能而设计的货架,它包括模具架、油桶架、流利货架、网架、登高车、网隔间等。

4.1.4.2　按货架的规模分类

按照货架的规模,物资储存货架可分为重型托盘货架、中型货架、轻型货架及阁楼式货架四种,其特点如表 4-4 所示。

表 4-4　物资储存货架的特点——按规模分类

类别	特点
重型托盘货架	◆用优质的材料与先进的工艺制成,承重力大,不易变形,方便组装与拆卸,且能够防腐防锈; ◆适用于大型仓库; ◆主要用于放置用托盘集装化的物资
中型货架	◆造型别致、结构合理、装拆方便,且坚固结实、承载力大; ◆应用于商场、超市、企业仓库及事业单位
轻型货架	◆主要采用冲孔货架结构,通用性强; ◆适用于组装轻型料架、工作台、工具车、悬挂系统、安全护网及支撑骨架
阁楼式货架	◆采用全组合式结构,可采用木板、花纹板、钢板等材料作为楼板,并根据实际需要灵活设计成两层及多层; ◆适用于五金工具、电子器材、机械零配件等物品的小包装散件储存

4.1.4.3　按货架的外形特点分类

根据货架的外形特点,物资储存货架可分为如下五类。

(1) 高层货架

高层货架是自动化仓库和高层货架仓库的主要组成部分。高层货架的立柱、横梁的刚度和强度及货架的制造和安装精度都很高，能够适应自动化仓库载重量及运转精度的需要。

(2) 通廊式货架

通廊式货架主要用于储存大量同类的托盘货物。在通廊式货架中，托盘一个接一个按深度方向存放在支撑导轨上，增大了储存密度，提高了空间利用率。这种货架通常运用于储存空间昂贵的仓库，如冷冻仓库等。

(3) 横梁式货架

横梁式货架安全方便，适合各种仓库直接存取货物。如果配合叉车装卸，更可以极大地提高作业效率。

(4) 重力式货架

在重力式货架每层的通道上，都安装有一定坡度的、带有轨道的导轨，入库的货物在重力的作用下，会自动由入库端流向出库端。重力式货架的空间利用率高，节省搬运机械，且可以使货物出库操作遵循先进先出的原则。

(5) 悬臂式货架

悬臂式货架适合存放长料物资和不规则物资。它前伸的悬臂具有结构轻巧、载重能力好的特点，存放不规则或是长度较为特殊的物资时，能大幅提高仓库的利用率和工作的效率。

4.1.5 工具 1：垛位查询表

垛位查询表如表 4-5 所示。

表 4-5 垛位查询表

编号：   日期：   年 月 日

物资名称		物资编号	
物资规格		物资产地	
供货商名称		供应商地址	
垛位编号			
垛位地址			
货垛数量		入库日期	

查询人：   审批人：

4.1.6　工具 2：货垛牌

货垛牌如表 4-6 所示。

表 4-6　货垛牌

编号：　　　　　　　　　　　　　　　　　　　　　　　　日期：　　年　月　日

货位号		货批号	
物资名称		规格/型号	
货垛数量		进货日期	
物资来源			
接货人		存货人	

4.2　温湿度控制

4.2.1　流程：仓库温湿度控制工作流程

仓库温湿度控制工作流程如图 4-2 所示。

4.2.2　方法 1：密封控制法

密封就是把仓库、货垛或物资尽可能严密地封闭起来，减少或阻止外界温湿度及其他不利因素对物资的影响，从而确保物资的安全。

仓库管理员应该依据物资所需的保管条件，结合当地气候及仓库储存条件，选择适当的密封方式或将它们组合使用。仓库常见的密封方式主要有四种，具体如表 4-7 所示。

表 4-7　仓库常见的密封方式

密封方式	适用范围
整库密封	适用于储存物资批量大、整出整进或进出不频繁的仓库
按垛密封	适用于整出整进或进出不频繁物资的密封
按货架密封	适用于出入频繁、怕潮、易锈和易霉的小件物资的密封
按件密封	适用于数量少、体积小的物资

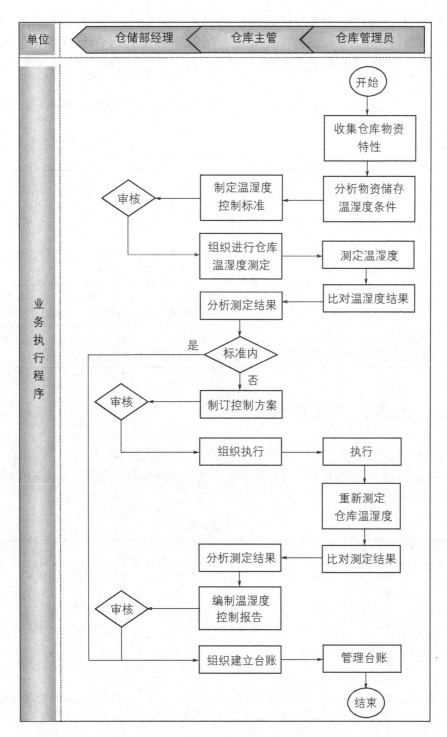

图 4-2 仓库温湿度控制工作流程

确定密封方式后，仓库管理员需根据物资的性质和密封的目的，合理选择成本低廉、效果好、使用方便的材料。企业中常用的密封材料一般为导热性差、隔潮性较好或透气率较小的材料，如防潮纸、塑料薄膜、油毡纸、稻谷壳、血料和泡花碱（硅酸钠）等。

为了确保密封能够达到预期的效果，仓库管理员在进行密封操作时，需注意表4-8所示的问题。

表4-8　仓库密封需注意的问题

序号	具体问题
1	◆选择恰当的密封时机，过早密封会使仓库失去自然通风的机会，过晚密封则会使库房内湿度较高。所以，仓库管理员要掌握当地气候变换的规律，选择在潮湿季节到来前的合适时间对物资进行密封； ◆采用整库密封法的仓库，不仅要选择适宜的密封时机，而且要确定恰当的启封时机，即当库外温湿度下降，绝对湿度普遍低于库内时，才可将密封的仓库开封
2	◆密封前，仓库管理员必须检查物资的质量，如发现物资的含水量过高或已经有发霉、生锈、长虫等情况及其他变质现象，要先经过处理，使物资质量恢复正常后才能进行密封
3	◆做好物资密封后的观察。密封后，仓库管理员需定期检查密封物资的外观状况或对密封的物资质量进行抽样检查，如发现问题后要及时采取处理措施

4.2.3　方法2：通风控制法

通风就是利用库内外空气温度不同形成的气压差，使库内外空气形成对流，来达到调节库内温湿度的目的。仓库通风的方法主要分为自然通风与机械通风两类，具体内容如表4-9所示。

表4-9　仓库通风的方法

通风方法	说明
自然通风	◆利用仓库内外空气的压力差使空气自然交换的一种通风方式，其空气交换量较大； ◆当库外无风时，应开启仓库上部和下部通风口和窗户，促使空气流通； ◆当库外有风时，应先关闭仓库迎风面上部的出气口，开启背风面上部的出气口及仓库门窗的通风口，以加速通风
机械通风	◆利用通风机械工作时所产生的正压力或负压力，使库内外空气形成压力差，从而强迫库内外空气发生交换； ◆在仓库外墙的上部或库顶安装排风机械，在库墙的下部安装抽风机械，利用其工作时产生的推压力及吸引力，将库内空气排出库外，同时将库外空气吸入库内，从而达到库内外空气交换的目的

企业采用通风法控制仓库温湿度时，需注意表 4-10 所示的问题。

表 4-10　仓库通风时需注意的问题

序号	具体问题
1	◆选择恰当的通风时机。利用通风降低仓库内空气湿度时,要先比较库内外温度、绝对湿度与相对湿度,当库外的绝对湿度低于库内时,才能够采用通风的方式降低仓库湿度
2	◆需要注意环境变化。仓库管理员还要随时注意环境的变换,当仓库外天气骤然改变,温湿度急剧变化,或发现仓库外空气混杂有害气体及杂物时,应立即停止通风
3	◆需要与密封相结合。通风进行一段时间达到通风的目的后,仓库管理员应及时关闭仓库门窗和通风孔,使仓库处于相对密封状态,以保持通风效果

4.2.4　方法 3：吸湿控制法

吸湿是采用吸潮剂或吸湿机械，通过直接降低仓库空气中的水分的方法，降低仓库的湿度。当仓库外湿度高于仓库内湿度而不适宜进行通风散潮时，通常采用吸湿与整库密封相结合的方法来降低仓库内湿度，其具体措施如下。

4.2.4.1　吸潮剂吸湿

吸潮剂具有较强的吸潮性，能够迅速吸收库内空气的水分，进而降低库房湿度。仓库管理员需综合考虑库存物资及吸潮剂的特点选择吸潮剂。仓库常用的吸潮剂有生石灰、氯化钙和硅胶等，其各自的使用方法及使用中的注意事项如表 4-11 所示。

表 4-11　常见吸潮剂的使用方法和注意事项

吸潮剂名称	使用方法	注意事项
生石灰	◆将生石灰捣成拳头大小的块状,盛装于木箱或竹篓等容器内,一般占容量的 1/3～1/2 为宜; ◆将装石灰的容器放置在垛底、沿墙四周以及靠近出入库门处	◆充分吸湿后会变成粉末,不宜使用于储存毛织品、铝制品、皮革制品等耐碱性弱的物资的仓库中
氯化钙	◆将氯化钙放置在竹筛或木隔板上,在其下放置陶瓷或搪瓷器皿,盛装漏下的溶液	◆吸湿后会变为液体,不能放置在铁质容器中及接触物资或包装
硅胶	◆用纱布或纸包成小包放在密封货架、柜内或包装物中; ◆吸湿后对其进行烘烤,可重复使用	◆吸湿后仍为固体,但可依据颜色变化确定吸湿程度; ◆价格较高,但性能稳定,并可长期使用,适用于贵重品仓库

4.2.4.2 机械吸湿

机械吸湿是利用去湿机除去仓库空气中的水分，具有吸湿效率高、平均成本低、操作简便等优点，其工作原理是吸入仓库内空气，再利用制冷装置将潮湿空气冷却到露点温度以下，使水汽凝结成水滴排出，最后将冷却干燥的空气再送入库内，从而达到降低空气湿度的目的。

4.2.5 工具1：常用的4类温度测量工具

库内温度的变化是随着大气温度变化而变化的，其变化规律与库外气温的变化规律大致相同。因此，在仓库温度测定过程中，仓库管理员应根据温度的变化规律和物资储存的特性要求采用相应的测量工具。企业常用的温度测量工具主要有四类，具体如表4-12所示。

表4-12 企业常用的温度测量工具

类别	适用范围	使用要求
水银温度计	−30~600℃的环境	◆应放置在不受阳光直射、通风的地方,且悬挂高度为1.5m上下,以能平视观测为宜; ◆读取温度计指数时,要敏捷、准确,先看小数、后看整数,且视线要与水银柱顶端齐平,手和头不要接近温度计球部,也不要对着球部呼吸
酒精温度计	−100~70℃的环境	◆在1个标准大气压下,酒精温度计所能测量的最高温度一般为78℃。但是,温度内压强一般都高于1个标准大气压,准确度相对较低,因此酒精温度计不宜用来测室内高温; ◆温度计指数读取与水银温度计基本相同
自记温度计	−80~500℃的环境	◆应该每日将其上好发条,保证自记钟能够正常旋转; ◆需及时更换记录纸,并需在更换时将记录纸紧贴在记纹鼓上,确保接头上的横线对准,且需将左边压在右边上方,以确保不影响自记笔的正常运转; ◆需及时添加墨水,并需及时调整笔尖与记纹鼓的距离,确保所画曲线的连续性
半导体点温计	−200~500℃的环境	◆将测温头接触被测物体,即可直接从显示屏上读得被测物体温度

仓库管理员进行仓库内的温度测定时，可采用自记温度计连续记录，也可以通过定时人工观测的方法进行间歇性的记录，且当储存的物资对空气温度变化比较敏

感时，应该加大检验力度，增加记录的频率。

4.2.6 工具 2：常用的 4 种湿度测量工具

在仓库湿度测量工作中，仓库管理员需根据仓库的实际情况及湿度测量要求选择合适的测定工具。企业中常用的测定空气湿度的工具主要有干湿球温度计、通风湿度计、毛发湿度计及自记湿度计四种，其主要构造、原理及特点如表 4-13 所示。

表 4-13 常用的湿度测量工具

工具类别	构造	原理	特点
干湿球温度计	由两支温度表组成，其中一支温度表的球部用湿润的纱布包裹，制成湿球，而另一支为干球	湿球纱布上的水分蒸发吸热，因而湿球上的温度比干球上的温度低，其相差度数与空气中的相对湿度成一定比例	可以同时测量空气湿度及温度，但测量范围有限，不得低于 0℃，且最终湿度还要经过换算求得
通风湿度计	在干湿球温度计的基础上，通过它头部的风扇使温度计的球部附近有一定速度的气流通过		能有效地防止外界条件对湿度计的影响，从而可测得较准确的湿度值
毛发湿度计	由脱脂毛发、指针、刻度盘三部分构成	毛发可随湿度的变化而改变自身的长短，湿度大时就伸长，湿度小时就缩短	可以直接读出相对湿度，但使用寿命较短，且当空气过于干燥或过于潮湿时，数值不准
自记湿度计	由毛发湿度计及自动记录设备组成		可连续记录仓库中湿度的变化

仓库管理员在使用湿度测量工具测量仓库内的空气湿度时，需按以下要求展开测量。

4.2.6.1 干湿球温度计的使用要求

干湿球温度计的使用要求具体如表 4-14 所示。

表 4-14 干湿球温度计的使用要求

使用步骤	使用要求
润湿湿球	◆将湿球的下端球部用吸水性良好、薄而细的纱布包裹，包裹时需将纱布浸湿，绕球部一周半，并将纱布的另一端浸入水盂中； ◆水盂内所用水要用蒸馏水或冷开水，水量不得少于容量的 2/3； ◆湿球上所裹纱布应每周洗涤或更换一次，勿使其发黏、泛黄

使用步骤	使用要求
放置温度计	◆在库房内使用时,应将温度计悬挂在阴凉、通风的地方,避免其受到阳光的直射或紧贴在墙上; ◆在库房外使用时,应将干湿球温度计悬挂于百叶箱内,且百叶箱应放置在空旷、通风处,箱门朝北,箱体内外刷涂成白色
读取数值	◆温度计放置15～30min后可进行读数,读数时,应先读干球温度,后读湿球温度
计算湿度	◆根据读出的干球温度及湿球温度,对照湿度对照表,确定空气的湿度

4.2.6.2 通风湿度计的使用要求

通风湿度计属于精密测湿仪器,一般放置在对湿度要求较严格的仓库,以便测出储存环境的准确湿度值,同时,其也可用于对其他类型的测湿仪器的校正。

通风湿度计的使用步骤基本与干湿球温度计相同,只是在润湿湿球后,需增加一个上紧发条使风扇旋转进行通风的步骤。

仓库管理员应该待湿球示值稳定后再读数,其读数要求和确定湿度的方法与普通干湿球温度计相同,但需要注意的是,当气温低于−10℃时,不宜再使用通风湿度计测湿度。

4.2.6.3 毛发湿度计的使用要求

在气温低于−5℃的场合,仓库管理员可以采用毛发湿度计测量空气的相对湿度。仓库管理员在使用毛发湿度计时,应将其放置在阴凉、通风的地方,待指针稳定后,就可根据指针所指位置直接读出空气相对湿度。

4.2.6.4 自记湿度计的使用要求

在对温湿度条件要求非常严格的库房中,可以使用自记湿度计,从而测得每天或每周等任意一段时间内温湿度变化的详细数据,为分析研究温湿度变化规律提供可靠依据。自记湿度计的使用方法与自记温度计基本相同,主要包括上发条、换纸、加墨等工作。

4.2.7 工具3:仓库温湿度记录表

仓库温湿度记录表如表4-15所示。

表 4-15　仓库温湿度记录表

仓库号码：　　　测量位置：　　　储存物资：　　　安全温度：　　　安全相对湿度：

日期	上午							下午						
	天气	干球/℃	湿球/℃	相对湿度/%	绝对湿度/%	调节措施	记录时间	天气	干球/℃	湿球/℃	相对湿度/%	绝对湿度/%	调节措施	记录时间

4.3　物资养护

4.3.1　流程 1：物资病虫害防治工作流程

物资病虫害防治工作流程如图 4-3 所示。

4.3.2　流程 2：物资防腐防霉工作流程

物资防腐防霉工作流程如图 4-4 所示。

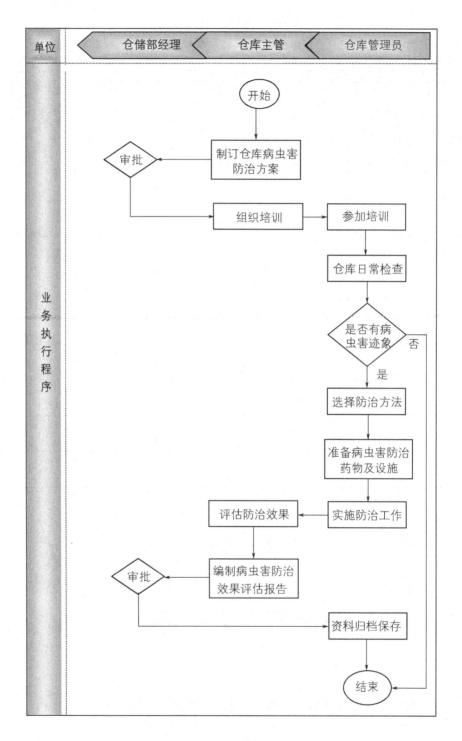

图 4-3　物资病虫害防治工作流程

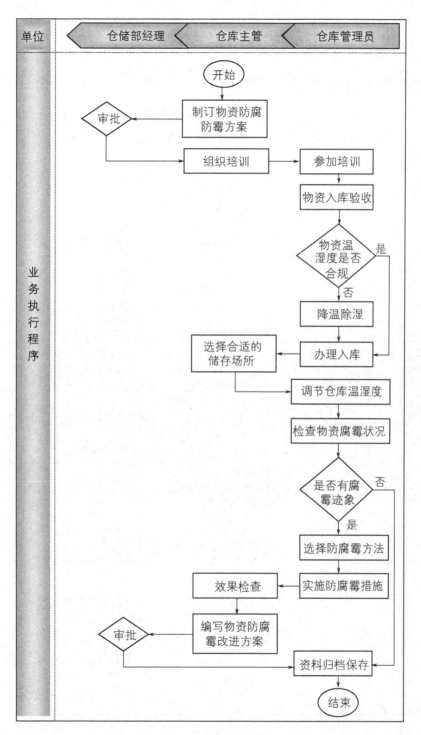

图 4-4 物资防腐防霉工作流程

4.3.3 流程 3：金属防蚀防锈工作流程

金属防蚀防锈工作流程如图 4-5 所示。

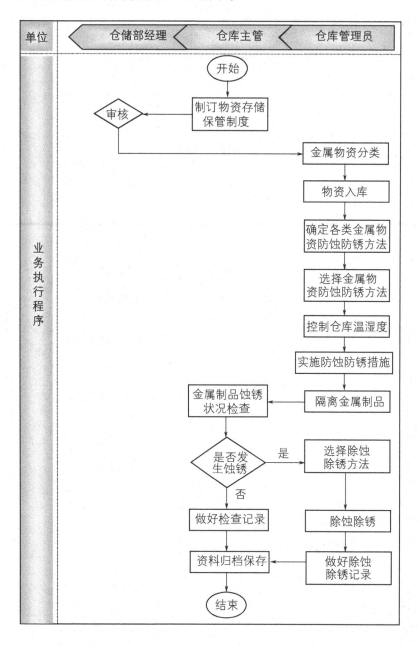

图 4-5 金属防蚀防锈工作流程

4.3.4　方法 1：物资病虫害防治的方法

仓库管理员一旦发现仓库中有害虫活动的痕迹，就应该立即采取有效防治措施杀死害虫，避免虫害的扩大。按照杀死害虫的方法不同，可以将对害虫的防范分为物理防治法与化学防治法。

4.3.4.1　物理防治法

物理防治法是指利用各种机械设备将害虫与物资分离，或直接将害虫杀死，以达到防治虫害目的的方法。物理防治法主要分为机械除虫法、气控防虫法、温控杀虫法、诱集杀虫法及电离辐射杀虫法五种，具体内容如下。

（1）机械除虫法

机械除虫法主要是利用人工操作或动力操作的各种机械来将害虫与物资分离，从而清除仓库中的害虫的方法。例如粮食仓库经常采用风车、筛子等机械设备，将害虫与粮食分离。

仓库管理员组织进行机械除虫时，应在害虫活性较低的低温季节进行，且除虫地点要远离仓库，并在作业现场周围用药剂布置防虫线，以免害虫再次进入仓库。

（2）气控防虫法

气控防虫法是通过改变物资储存环境中空气的成分，造成不利于害虫生长的环境条件，从而防治害虫的方法。一般仓库通常采用对物资堆垛进行塑料薄膜密闭造成自然缺氧或通过充填二氧化碳、氮气等气控措施，以达到抑制害虫生长甚至直接杀灭害虫的目的。

（3）温控杀虫法

温控杀虫法是通过控制仓库温度，造成不易于害虫生长的环境，进行害虫防治的方法，主要分为高温杀虫法和低温杀虫法两类，具体如图 4-6 所示。

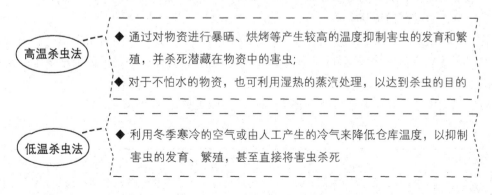

图 4-6　温控杀虫法

（4）诱集杀虫法

诱集杀虫法即根据仓库害虫的趋高性、群集性及趋光性等习性，将害虫诱集到一起，对其进行集中杀灭的方法。根据诱集物的不同，诱集杀虫法分为以下三类。

① 灯光诱集法。灯光诱集法是利用害虫对光的趋性来诱杀害虫。这种方法主要适用于鳞翅目的昆虫。灯光诱杀时一般使用诱虫灯诱杀害虫，这种方法可以减少成虫的数量，抑制害虫的繁殖，但是其杀虫效果不彻底，不能捕杀货垛内的幼虫。

使用诱虫灯时，应该根据害虫的特性调整光线的强弱及颜色，选择恰当的悬挂位置及高度，从而达到最佳的诱杀效果。

② 食物诱集法。根据仓库害虫食性，可以在仓库中放置对某种害虫具有吸引力的诱饵，将害虫集中后杀灭。

③ 其他诱集方法。根据某些仓库害虫的趋高性、群集性，可以在仓库中采用高峰竖棒诱集（诱集上爬性的玉米象、锯谷盗及谷蠹成虫）、破旧麻袋诱集（诱集群集性的赤拟谷盗，或越冬蛾类幼虫）等方法诱杀害虫。

（5）电离辐射杀虫法

电离辐射杀虫法即使用 α 粒子、β 粒子、X 射线、γ 射线及加速电子等产生的电离辐射，对害虫进行处理的方法。其中，在仓库中使用最普通的为 γ 射线。电离辐射杀虫可造成幼虫发育成畸形的成虫或成虫生殖力降低、雌雄个体不育，同时通过加大照射量，还能够使害虫体温迅速升高，最终导致死亡。

4.3.4.2 化学防治法

化学防治法就是利用化学药品直接或间接地杀死害虫，其杀虫力强、防治效果显著，但由于化学药品往往具有毒性，会给物资带来不同程度的污染，长期使用还会增加害虫的抗药性。常见的化学防治法主要采用驱避剂防治法、熏蒸剂防治法及杀虫剂防治法三类，具体如下。

（1）驱避剂防治法

驱避剂防治法是使用驱避剂进行害虫防治的方法。驱避剂的驱虫作用是利用易发挥并具有特殊气味和毒性的固体药物，挥发出来的气体在物资周围经常保持一定浓度，从而起到驱避、毒杀仓库害虫的作用。企业中常用的驱避剂药物有精萘丸、对位二氯化苯、樟脑精等，常见驱避剂的使用要求如表 4-16 所示。

表 4-16　常见驱避剂的使用要求

名称	适用对象	慎用对象
精萘丸	适用于毛、丝、棉、麻、人造毛制品、人造丝制品及皮革、胶木、橡胶、纸制品的防虫	不能用于有机玻璃和聚苯乙烯、人造革制品、食品及各种怕串味的物资

名称	适用对象	慎用对象
对位二氯化苯	适用于毛、棉、丝、麻、人造毛制品、人造丝制品及皮革、竹木制品等	各种塑料制品(赛璐珞除外)、橡胶、漆布、漆纸、人造革制品及各种食品和怕串味的物资
樟脑精	适用于毛、棉、丝、麻、人造毛制品、人造丝制品及皮革、羊毛及合成纤维、混纺织物、竹木制品等	

仓库管理员在使用驱避剂时,应将其放入物资包装或密封货垛内,使其挥发出来的气体在物资周围经常保持一定的浓度,以消灭害虫或使害虫不敢接近。

(2)熏蒸剂防治法

熏蒸剂防治法是利用熏蒸剂进行害虫防治的方法。熏蒸剂是利用挥发时所产生的蒸气毒杀有害生物的一类化学药品,它具有渗透性强、防效高、易于通风散失等特点,适合于虫害已经发生及害虫潜藏在不易发现或不易接触的地方的仓库使用。但由于其大多具有较强的毒性,因此在使用时要严格控制用量,并做好防护工作,以免发生安全事故。

企业中常见的熏蒸剂有氯化苦、溴甲烷、磷化铝、二氯乙烷等,其各自的使用要求如表4-17所示。

表4-17 常见熏蒸剂的使用要求

名称	适用对象	慎用对象
氯化苦	竹木制品,皮、毛制品和一般纸制品及部分食品,如红枣、干辣椒等	带有金属附件的物资、棉制品、丝制品、化纤织品及含水量较大的物资
溴甲烷	竹木制品、棉制品、毛制品、丝制品、麻织品、塑料制品、带有金属附件的物资及中药材等	含脂肪、橡胶或涂料的物资
磷化铝	粮食、中药材、竹木制品和毛制品	带有铜制附件的物资
二氯乙烷	谷物、粮食	含脂肪的物资及含蜡的物资

(3)杀虫剂防治法

杀虫剂防治法是利用杀虫剂查杀仓库中害虫的方法。杀虫剂主要通过触杀、胃毒作用杀灭害虫,其使用时需与水配制成一定比例的溶液,然后用喷雾剂在仓库内进行喷洒。常见的杀虫剂有敌敌畏和敌百虫,杀虫剂的使用要求如图4-7所示。

杀虫剂喷洒后,仓库管理员应将仓库密封,然后开窗通风,待药散尽后方可进入仓库。

敌敌畏使用要求

◎ 能够杀灭多种害虫，但不能直接喷洒在塑料、涂料、橡胶及金属制品上；

◎ 使用时需将敌敌畏配制成0.1%~0.2%的溶液，每平方米喷洒药液50g

敌百虫使用要求

◎主要适用于对空仓、备品用具及环境卫生进行消毒；

◎使用时需将其配制成浓度为0.05%~0.1%的溶液，且每平方米喷洒药液50g

图 4-7 杀虫剂的使用要求

4.3.5 方法 2：物资霉腐防治的方法

物资在储藏的过程中发生霉变，主要是由于不同微生物以物资本身所含的某些物质为其繁殖生长的营养源，同时又有其适宜生长繁殖的环境因素造成的。防治物资的霉腐，应该坚持“以防为主、防治结合”的方针，通过创造不利于微生物生长发育的条件或者抑制其生长的方法，以达到防霉腐的目的，具体方法如下。

4.3.5.1 物资霉腐预防

在物资霉腐防治工作中，仓库管理员首先需要进行的是物资霉腐的预防工作。在企业中，物资霉腐的预防方法主要有七种。

(1) 温控法

温控法即通过调节、控制仓库内温度进行物资霉腐预防的方法。常用的提高温度防霉腐的方法是利用日光曝晒或在库房内安装紫外线灯定期照射，进行环境消毒防霉。

(2) 湿控法

湿控法是通过调控仓库内湿度进行物资霉腐预防的方法。通过控制空气的湿度，可直接影响微生物体内水分含量，使其不断失去体内水分，从而达到抑制其生长的目的。因此，对一些易发生霉腐的物资，企业可以通过通风、摊晾、日晒或烘烤等使水分蒸发，从而达到防霉腐的目的。

(3) 化学方法

化学方法是把抑制微生物生长的化学药物放在货物或包装内进行防腐的方法。仓库常用防霉腐剂的性能和使用方法如表 4-18 所示。

(4) 除氧剂除氧法

大多数易于霉变的物资所生成的各种霉菌、细菌，都需要呼吸空气中的氧才能生长繁殖。通过把易霉腐物资放在严格密封的包装内，再放入化学除氧剂将氧吸收，使包装内氧浓度达到 0.1%以下，就可以达到防止物资发生霉腐的目的。

表 4-18 仓库常用防霉腐剂的性能和使用方法

名称	性能	使用方法	适用范围
水杨酰苯胺	毒性较低,具有较高的稳定性	将浓度为 0.2%～0.6% 的溶液喷洒、喷涂或涂刷在物资上	用于针纺织品、鞋帽、皮革、纸张等物资
多菌灵	化学性质较稳定,毒性很低,对物资无毒副作用	以 0.025% 浓度的乳液浸泡水果、蔬菜,或以 0.1%～0.3% 浓度的乳液刷涂在其他物资上	用于针纺织品、纱线、皮革制品、鞋帽以及水果、蔬菜等
多聚甲醛	在空气中能慢慢解聚,放出甲醛气体,从而杀灭霉腐微生物	直接放置在仓库中,每立方米空间用量为 17～24g,放置人员应戴口罩和护目用胶边眼镜	用于单胶工作服、雨衣、布鞋及皮革和毛皮制品等
托布津	对人畜毒性很小,无积累性毒副作用	以浓度为 0.05% 的水溶液浸泡水果、蔬菜等	用于水果、蔬菜等物资

化学除氧剂种类很多,以铁粉为主要成分的效果最好。该法主要适用于各种食品、中药材、电子元件、光学零件、精密仪器等的防霉腐,其在使用时应注意考虑密封包装材料必须有良好的阻氧性、一定的机械强度和良好的热塑性及热合性。

(5) 低温冷藏防霉腐法

低温冷藏防霉腐法是利用液态氨、天然冰或人造冰以及冰盐混合物等制冷剂降低温度,或通过将物资放置在专门的冷藏库的方式,保持储存中所需要的低温,从而进行防霉腐的方法。利用低温来降低霉腐微生物体内酶的活性,从而抑制其繁殖生长。该法一般效果良好,鲜肉、鲜鱼、鲜蛋、水果和蔬菜等多采用低温冷藏的方法进行长期保管,但应注意不同仓储物资对低温的要求不同。例如鲜蛋最好在 $-1℃$ 的条件下保管;果蔬的温度要求在 $0～10℃$ 之间;鱼、肉等在 $-28～-16℃$ 时可以较长期储存。

(6) 气相防霉腐法

气相防霉腐法是通过控制环境中空气成分的各种组分含量并结合适度的低温,让储存物品处于半休眠状态,以达到保鲜防腐的目的。

例如增加环境中的二氧化碳（CO_2）或氮气（N_2）,使储藏环境的氧含量由21% 降至 3%,而二氧化碳含量由 0.03% 增加到 2% 以上,可抑制储存物品的呼吸作用,减少其中营养物质的消耗,阻止储存物品生成乙烯,对抗乙烯的生理作用,延缓其衰老和变质的过程。

该法适用于粮食、农副土特产品、中药材、副食品、果品、蔬菜以及竹木制品、皮革制品、棉、毛、丝、麻织品等。

(7) 物理方法

仓库物资霉腐预防的物理方法主要有微波防霉法和辐照防霉法,具体内容如表 4-19 所示。

表 4-19　物资霉腐预防的物理方法

方法名称	说明
微波防霉法	◆利用微波引起货物分子的振动和旋转,由于分子间的摩擦而产生热,使霉腐微生物体内温度上升而被杀灭; ◆适用于粮食、食品、皮革制品、竹木制品、棉织品等的储存防霉
辐照防霉法	◆利用放射同位素如钴 60 释放的各种放射线照射易霉腐物品,从而直接破坏微生物体内脱氧核糖核酸和其他物质将微生物杀死; ◆适用于医疗器材和用品消毒、食品防腐及皮革制品、纸烟、烟叶、中药材的防霉

4.3.5.2 霉腐物资救治

如果霉腐物资发现得早,仓库管理员可采取适当的方法进行救治,其具体过程如下。

(1) 去湿

物资发霉一般都是从受潮开始的,控制物资中的水分可以有效防止物资的进一步霉变。常见的去湿的方法有暴晒、摊晾及烘烤这三种。

① 暴晒。暴晒既能散去物资的水分,又能杀灭物资上的霉菌,其适合于经日晒不影响质量的物资,如不含有或少含有油脂的干果、干菜以及鞋帽、皮毛制品等。

在暴晒中,仓库管理员需适当掌握时间,并注意经常翻动,不要过分暴晒,以防晒坏物资。

② 摊晾。对于不宜暴晒而含水量过高的物资,如色布及含有油脂较多的物资等,仓库管理员应将其放置在阴凉通风的场所,以降低物资的含水量。

③ 烘烤。通过高温烘烤使物资干燥,从而使霉菌因缺水而死亡。烘烤除霉适合于卷烟、茶叶及某些干果等通过暴晒会影响质量的物资,或经过暴晒无法除灭内部微生物的物资烘烤除菌的要求如图 4-8 所示。

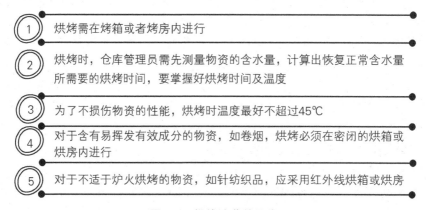

① 烘烤需在烤箱或者烤房内进行

② 烘烤时,仓库管理员需先测量物资的含水量,计算出恢复正常含水量所需要的烘烤时间,要掌握好烘烤时间及温度

③ 为了不损伤物资的性能,烘烤时温度最好不超过45℃

④ 对于含有易挥发有效成分的物资,如卷烟,烘烤必须在密闭的烘箱或烘房内进行

⑤ 对于不适于炉火烘烤的物资,如针纺织品,应采用红外线烘箱或烘房

图 4-8　烘烤除菌的要求

（2）灭菌

去除物资上的霉腐还可以从灭菌入手，杀灭了物资上的致霉微生物就能够防止物资的进一步霉腐。常用的灭菌方法主要有药剂熏蒸灭菌、紫外线灭菌及加热灭菌三种，具体内容如下。

① 药剂熏蒸灭菌。药剂熏蒸灭菌法是指在密封的条件下，利用易挥发并能产生毒杀气体的化学药剂来杀灭微生物。常用的熏蒸剂主要是溴甲烷、氯化苦等。药剂熏蒸灭菌法可以保持物资在短时间内不发霉或抑制其蔓延范围，适用于物资发热霉变的初期。

② 紫外线灭菌。紫外线灭菌法是通过在库内或货垛周围装置紫外线灯，对物资进行定期照射，利用紫外线的杀菌作用，除去引起物资霉变的微生物的方法。

紫外线只能消灭被灯光照射部分的微生物，因此，用紫外线灭菌法对物资灭菌时，必须根据物资霉变的程度和部位，采取不同的方式进行照射。紫外线灯的照射时间也不要过长，一般以每次 20～50min 为宜。

③ 加热灭菌。适宜的温度也是微生物生长的必要条件，因此可以通过加热的方法抑制微生物生长繁殖，以致使其死亡。加热灭菌法可以分为干热灭菌法及湿热灭菌法两种。

干热灭菌法适用于怕潮而不怕高温的物资，如干果、干菜等。对物资进行干热灭菌时，应将物资放置于电热干燥箱中，将温度控制在 140～170℃，加热 1～2h，就能够达到灭菌效果。

湿热灭菌法适用于那些不怕高温高湿且不宜干热的物资。对物资进行湿热灭菌时，可以使用高压蒸汽灭菌锅、蒸笼等设备对物资进行灭菌。温度应该掌握在 120℃，时间为 30min。

（3）刷霉

凡生霉物资经过上述方法处理后，物资自身水分已降低，霉菌也被杀死，可以用毛刷将物资上的霉迹刷除，从而使物资恢复本色。

4.3.6 方法 3：金属防锈除锈的方法

4.3.6.1 防锈

（1）涂油防锈法

涂油防锈法是指在金属表面涂刷一层油脂，使金属表面与空气和水隔绝，以达到防锈的目的。按照防锈油在金属表面存在的状态，防锈油可以分为硬膜防锈油和软膜防锈油两种。

① 硬膜防锈油。硬膜防锈油在使用前呈稠液状，涂在金属物资表面后会很快干涸，形成一层硬壳，即使经受轻微的磨打也不会损伤。它的防锈性能较软膜防锈油要好，但油膜不易去除，因而主要被使用于待加工材料或露天存放的大型钢铁器材的防锈。

② 软膜防锈油。软膜防锈油刷涂在金属表面后会形成一层油膜，从而将金属与空气隔绝。它使用方法简单，但由于油膜容易被破坏，因而多用于库房内较长期封存的金属物资的防锈。

（2）气相防锈法

气相防锈法是利用挥发性缓蚀剂在常温下挥发出的缓蚀气体，阻隔腐蚀介质的腐蚀作用，从而达到防锈的目的。由于其成本较高，因此一般适用于成品或较为贵重材料的保养。气相防锈剂的使用方法如图 4-9 所示。

粉末法	◆ 粉末法是用气相缓蚀剂粉末，直接均匀地散布在金属制品表面上，然后密封包装，或将粉末盛于具有透气性的纸带、布袋中，并放入物资包装内，或将粉末制成片剂、丸剂，放入金属物资包装内然后密封，以起到防锈作用
溶液法	◆ 先将气相缓蚀剂溶解于水或有机溶剂，然后将其浸涂或喷涂于金属制品表面，形成一层缓蚀剂薄膜，然后用蜡纸或塑料袋进行包装； ◆ 常用气相缓蚀剂包括对钢有防锈效果的无机化合物、有机物，对铸铁有防锈效果的有机物等
可剥性塑料包装	◆ 可剥性塑料是一种防锈包装材料，将它涂覆于金属表面上成膜后，其并不直接黏附于金属表面，而是被一层析出的油膜与金属隔开，启封时能用手轻易剥除； ◆ 可剥性塑料保护层透明、柔韧性好、防锈期长、能经受恶劣的气候条件，并能抵御一般轻度的摩擦与撞击，但由于费用较贵，因而主要用于精加工及贵重物资的防锈

图 4-9　气相防锈剂的使用方法

4.3.6.2　除锈

（1）手工除锈

手工除锈是用简单的除锈工具，通过手工擦、刷、磨等操作，将金属物资上的锈斑、锈痕除去的一种方法。常见的手工除锈方法如表 4-20 所示。

表 4-20　常见的手工除锈方法

除锈工具	操作方法	除锈范围
钢丝刷	先用钢丝刷或铜丝刷打锈,再用废布将物资擦拭干净	各种钢管、水暖器材、铁板等
砂布	用砂布直接擦拭,或先蘸取去污粉、煤油再擦拭,最后再用干抹布擦拭一次	各种小五金工具、配件及一般精密仪器,如钢珠、轴承、天平等
木屑	把清洁干燥的木屑撒在板材上,然后用旧布盖住进行擦拭,最后将木屑扫净,并用干抹布再擦拭一次	钢板上的轻、中度锈蚀

（2）机械除锈

机械除锈是通过专用机械设备进行除锈的一种方法，它具有效率高、人力少、开支小等特点。机械除锈方法一般有抛光法、钢丝轮除锈法和喷射法三种，具体如图 4-10 所示。

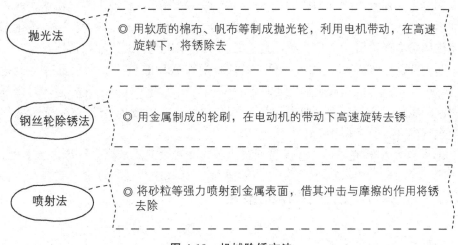

抛光法　◎ 用软质的棉布、帆布等制成抛光轮，利用电机带动，在高速旋转下，将锈除去

钢丝轮除锈法　◎ 用金属制成的轮刷，在电动机的带动下高速旋转去锈

喷射法　◎ 将砂粒等强力喷射到金属表面，借其冲击与摩擦的作用将锈去除

图 4-10　机械除锈方法

（3）化学除锈

化学除锈是利用能够溶解锈蚀物的化学品除去金属制品表面上锈迹的方法，其具有操作方便、设备简单、效率高、效果好等优点，特别适用于形状复杂的物资。由于化学除锈所使用的化学溶液都有较强的腐蚀性，因此在操作时一般遵照以下步骤进行。

① 除油。在使用化学溶液除锈前，应先将金属物资表面的油污清除干净，以免影响除锈的效果。除油的方法主要有碱溶液除油法、有机溶剂除油法和金属清洗剂除油法三种，具体如图 4-11 所示。

碱溶液除油法

◎ 主要是加入了乳化剂的碱溶液除油

◎ 它对于清洗矿物油脂有良好的效果

有机溶剂除油法

◎ 主要用汽油、煤油等溶剂除油

◎ 能溶解各种油脂，同时又不损伤金属

金属清洗剂除油法

◎ 金属清洗剂是一种新型的合成洗涤剂，由于其表面活性物质降低界面张力而产生湿润、渗透、乳化、分散等多种作用，使其具有很强的去污能力

图 4-11　除油方法

② 除锈。在去除了油迹以后，就要除净金属表面上的锈蚀及杂质。常用的除锈液主要由除锈无机酸（如磷酸、硫酸、盐酸、硝酸等）和钝化剂（如铬酸酐）或缓蚀剂（如乌洛托品）等配制而成。其中，无机酸起着溶解锈迹的作用，钝化剂起着钝化保护金属物资的作用，缓蚀剂起着保护金属不受强酸腐蚀的作用。

③ 中和。物资在经过酸洗以后，其表面总会残留酸液，如果不及时将这些酸液清除干净，就可能引起金属物资在储存期间发生严重锈蚀。因此，通常对金属物资酸洗除锈后，仓库管理员要先用流动清水冲洗，然后放入3%～5%碳酸钠稀溶液中进行中和，最后再用清水冲洗干净。

④ 干燥。中和完毕后，仓库管理员应擦去物资表面的水分，待其自然干燥。

4.3.7　工具 1：物资保养记录表

物资保养记录表如表 4-21 所示。

表 4-21　物资保养记录表

日期	物资名称	编码	仓位	保养项目及内容	保养人	确认	审核	备注

4.3.8　工具 2：仓库物资报损表

仓库物资报损表如表 4-22 所示。

表 4-22　仓库物资报损表

时间：　　　　　　　　　　　　　　　　　　报损仓库：

物资编码	物资名称	规格	数量	原因说明	拟处理方式

4.3.9　工具 3：仓库病虫害防治记录表

仓库病虫害防治记录表如表 4-23 所示。

表 4-23　仓库病虫害防治记录表

日期	病虫害情况	采取的病虫害控制措施	检查人	效果	复查		备注
					日期	复核人	

4.4　危险品储存

4.4.1　流程：危险品储存工作流程

危险品储存工作流程如图 4-12 所示。

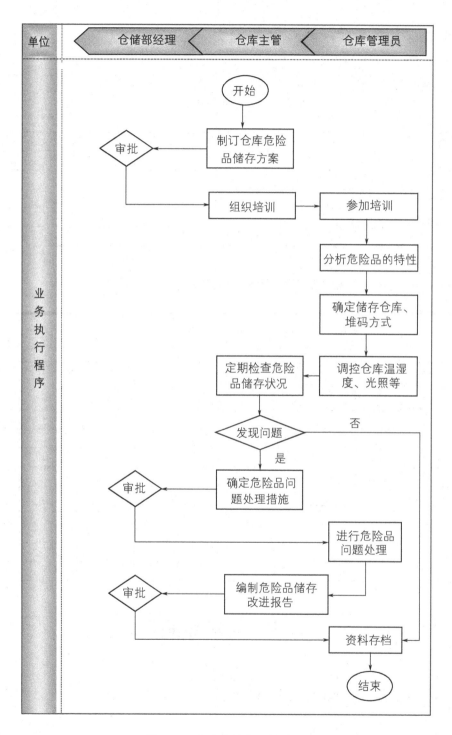

单位	仓储部经理	仓库主管	仓库管理员

业务执行程序

开始

制订仓库危险品储存方案

审批

组织培训 → 参加培训

分析危险品的特性

确定储存仓库、堆码方式

调控仓库温湿度、光照等

定期检查危险品储存状况

发现问题 —— 否

是

确定危险品问题处理措施

审批

进行危险品问题处理

编制危险品储存改进报告

审批

资料存档

结束

图 4-12　危险品储存工作流程

4.4.2　要求：7大要求

不同类型的危险品储存有不同的安全要求。为了保证危险品储存的安全，仓库管理员需注意其要求。危险品储存要求如图4-13所示。

◆ 遇火、遇热、遇潮能引起燃烧、爆炸或发生化学反应、产生有毒气体的危险品不得在露天或在潮湿、积水的建筑物中储存

◆ 受日光照射能发生化学反应引起燃烧、爆炸、分解、化合或能产生有毒气体的危险品应储存在一级建筑物中，其包装应采取避光措施

◆ 爆炸物品仓库不得设在城镇，并且还应与周围建筑、交通干道、输电线路等保持一定安全距离

◆ 压缩气体和液化气体宜专库专存，仓库中应安装避雷装置

◆ 盛装液化气体的容器属压力容器的，必须设有压力表、安全阀、紧急切断装置并定期检查，不得超装

◆ 有毒物品应储存在阴凉、通风、干燥的场所，不得露天存放

◆ 腐蚀性物品，包装必须严密，不允许泄漏

图 4-13　危险品储存要求

4.4.3　处理：危险品事故应急处理

4.4.3.1　危险品事故应急处理的行动要求

企业在进行危险品事故应急处理时应该遵循图4-14所示的行动要求。

4.4.3.2　危险品事故处理常用防护装备及器材

危险品事故处理常用的防护装备及器材如表4-24所示。

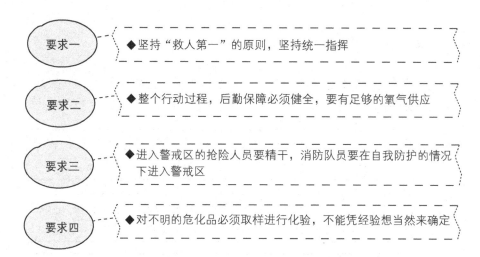

要求一 ┄┄┄ ◆坚持"救人第一"的原则，坚持统一指挥

要求二 ┄┄┄ ◆整个行动过程，后勤保障必须健全，要有足够的氧气供应

要求三 ┄┄┄ ◆进入警戒区的抢险人员要精干，消防队员要在自我防护的情况下进入警戒区

要求四 ┄┄┄ ◆对不明的危化品必须取样进行化验，不能凭经验想当然来确定

图 4-14　危险品事故应急处理的行动要求

表 4-24　危险品事故处理常用的防护装备及器材

装备及器材	举例
防护装备	◆内置式重型防化服、TLD 型封闭式防化服、PROFAC 型防火防化服、SPACEL PLUS 4000 型简易防化服、防静电内衣、MT 型防化安全靴、正压式空气呼吸器、氧气呼吸器
侦检器材	◆AG-4438 型热成像仪、可燃气体检测仪、MCB-1 型核放射探测仪、测爆仪、电子酸碱测试仪、红外线测温仪、生命探测仪
堵漏器材	◆金属堵漏套管、堵漏枪、木制堵漏楔、下水道阻流截袋、气动吸盘式堵漏器、堵漏袋、VT-15402100 型堵漏密封胶、BG-CY 磁压堵漏器、注入式堵漏器材、粘贴式堵漏器材、堵漏棒、强磁堵漏工具
输转器材	◆ANISA 型有毒物质密封桶、有害液体抽吸泵、AF-M20E 型多功能毒液抽吸泵、防爆水轮驱动输转泵、FLUXINOS JOLLY 300 型手动隔膜抽吸泵、AFW141 型污水袋、围油栏
洗消器材	◆强酸、强碱洗消器(DAP 型便携式独立冲洗器)、高压洗消泵、单人洗消装置、洗消粉

4.4.3.3　危险品事故应急处理流程

危险品事故发生后，企业应按照图 4-15 所示的工作流程进行事故应急处理。

4.4.4　注意：4 大注意事项

危险品储存的注意事项主要包括 4 点，具体如图 4-16 所示。

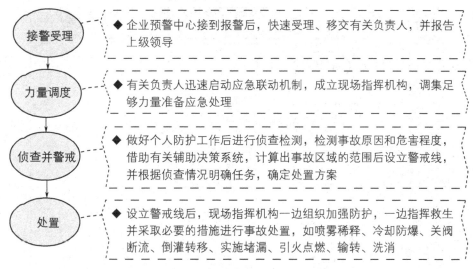

图 4-15 危险品事故应急处理流程

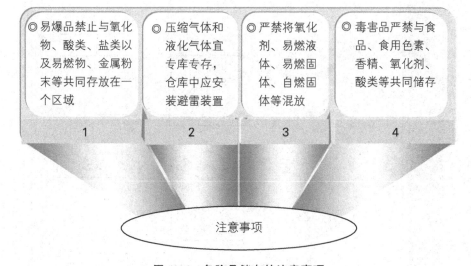

图 4-16 危险品储存的注意事项

4.5 仓库5S管理

4.5.1 流程：仓库 5S 管理工作流程

仓库 5S 管理工作流程如图 4-17 所示。

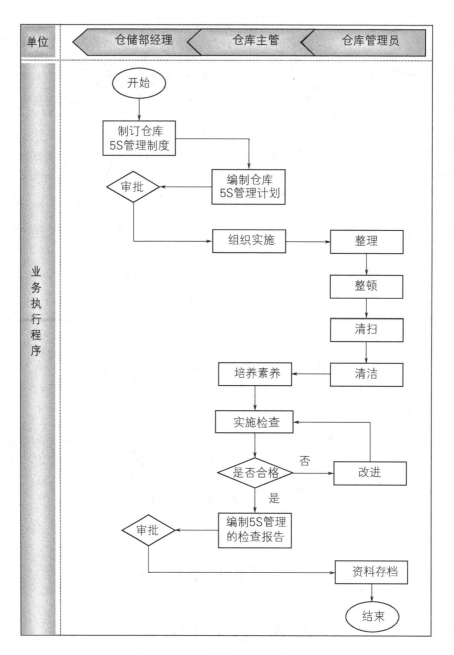

图 4-17　仓库 5S 管理工作流程

4.5.2　要点：5 大要点

仓库 5S 管理主要包括 5 个要项，即整理、整顿、清扫、清洁、素养。仓库 5S

管理要点如表 4-25 所示。

表 4-25　仓库 5S 管理要点

管理要项	介绍	具体要点
整理	区别仓库现场必需品与非必需品,只保留有用的东西,撤除不需要的东西	◆不能用、不再使用、不用的作废弃处理; ◆可能会再使用、很少用的放于储存室; ◆少使用的放储存室; ◆经常用的放工作场所边
整顿	把要用的东西按规定位置摆放整齐,并做好标识进行管理	◆确定放置场所(物资放置100%定位); ◆进行标识; ◆规定摆放方法
清扫	将不需要的东西清除掉,保持工作现场无垃圾、无污秽	◆调查污染源,予以杜绝或隔离; ◆建立清扫基准,作为规范; ◆预防污染是最重要的; ◆责任到人; ◆看得见与看不见的都要清扫
清洁	维持以上整理、整顿、清扫后的局面,使仓库整洁、卫生	◆每天保持仓库正在进行 5S 评价时的心情; ◆对长时间养成的坏习惯,要花时间改正; ◆连续不断地进行整理、整顿、清扫活动; ◆改正"眼不见为净"的自欺欺人的行为
素养	通过进行上述活动,让每个员工都自觉遵守各项规章制度,养成良好的工作习惯	◆统一服装(管理、颜色); ◆制定相应的规章制度; ◆加强教育培训,强化"5S"意识; ◆推动各种精神提升活动(表彰); ◆制造环境、气氛

4.5.3　方法:物资整理分类方法

物资整理的实施要点就是对物资进行分类。根据物资的使用频率,可将物资分为不用、少用、普通、常用类物资,以便进行分类处理。物资整理分类方法如表 4-26 所示。

表 4-26　物资整理分类方法

分类	使用频率	处理方法	存放区域
不用类物资	全年一次也未使用的物资	进行废弃处理或特别处理	待处理区
少用类物资	平均 2 个月~1 年使用一次	分类分区域存放	仓库物资存放区域
普通类物资	1~2 个月用一次或以上者	分类分区域存放	物资存放与货架中下层及离仓库门口不远处,以便于存取
常用类物资	1 周或 1 日使用数次	分类分区域存放	放置于随手可得工作区内

4.5.4　工具：仓库 5S 管理考核表

仓库 5S 管理考核表如表 4-27 所示。

表 4-27　仓库 5S 管理考核表

责任区域		检查日期					检查人	
项目	检查内容	评分					问题点陈述	
		1	2	3	4	5		
整理	1. 仓库无不用的材料或工具							
	2. 仓库无废弃的材料或物资							
	3. 仓库无物资凌乱、混装现象							
	4. 周转架、运输工具无破坏或不良							
	5. 仓库内无零件及物资散落在地面							
	6. 无不要物、杂物和卫生死角							
整顿	1. 物资、料箱有明确标识							
	2. 仓库内各区域划分明确、标识清楚							
	3. 物资、工具定置摆放，无压线							
	4. 物资箱码放高度不超过摆放高度基准							
	5. 道路畅通，无阻塞现象							
	6. 无乱拉电线等现象							
清扫	1. 货架、办公桌摆放整齐							
	2. 货架和物资无积尘、杂物、脏污，物资封装防尘							
	3. 容器、货架、包装箱无破损及严重变形							
	4. 产生污垢时能及时彻底地进行清扫							
清洁	1. 办公桌、货架、地板干净亮丽							
	2. 入库物资有明确的季节标识，并严格进行先进先出管理							
	3. 逾期物资能及时进行再检，并更新季节标识贴							
	4. 防尘、防静电设施正常，作业员有效执行							
	5. 有值日表，并有员工值日							
	6. 各种记录明确、清晰并有相关人员确认							
	7. 正确悬挂和张贴物资卡及标志							

责任区域			检查日期			检查人	
项目	检查内容			评分			问题点陈述
				1 2 3 4 5			
素养	1. 员工明白物资卡或物资标识内容						
	2. 员工工衣、工鞋、厂牌整齐端正						
	3. 员工无聊天、打瞌睡现象						
	4. 库房无私人物资						
	5. 仓库内无吸烟现象						
	6. 下班关闭办公照明,并断开电源						
	7. 员工举止及用语文明,行走靠右						
总分							—
总分合计		平均分			区域责任人确认		
注	1.5分:优秀;4分:良好;3分:一般;2分:差;1分:无实施。2.总分:150分						

第5章

物资盘点工作

5.1 盘点准备

5.1.1 流程：盘点准备工作流程

盘点准备工作如图 5-1 所示。

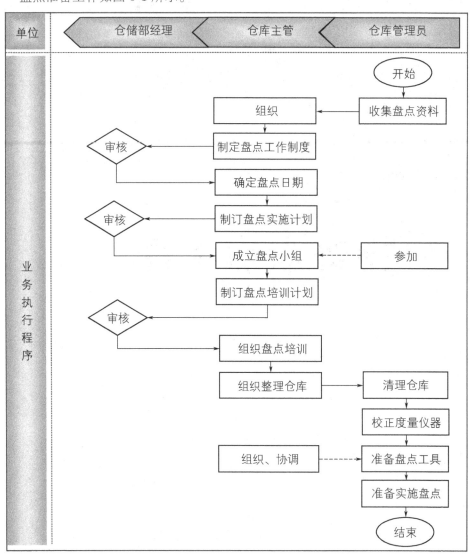

图 5-1 盘点准备工作

5.1.2　文书：仓库盘点计划书

下面是仓库盘点计划书。

文书名称	仓库盘点计划书	编号	
		受控状态	

一、盘点目的

本次物资盘点工作，主要计划达到以下 6 项目的。

1．核对物资实物与账卡的准确度。

2．核查物资的有效期限，预防出现滞成品与废品。

3．掌握物资的损益情况，并据此分析公司的损益。

4．掌握各类物资的库存数，以防发生非正常的短缺。

5．预防并检查登记差误、计算差误、编号差误、放置差误、保养差误等库存差误，减少损失。

6．考核仓储部人员的工作绩效，激励仓储部工作人员绩效改进。

二、盘点时间

本次盘点的开始时间为____年__月__日__时。

（一）初盘时间

____年__月__日__时至____年__月__日__时。

（二）复盘时间

____年__月__日__时至____年__月__日__时。

三、盘点范围

此次盘点的范围是公司所有仓库，包括仓库中所有属于公司货权的原材料、在制品、产成品（不包括未开收料进仓单的暂收供应商供货和已开出仓单暂未出货的产成品）。

四、盘点人员

（一）组长

×××。

（二）初盘人员

×××、×××和×××。

（三）复盘人员

×××、×××和×××。

五、盘点人员培训

（一）培训时间

____年__月__日__时至____年__月__日__时。

（二）培训地点

会议室。

（三）培训内容

1. 动员：强调这次盘点的意义，引导全体盘点人员重视。

2. 举办讨论会，详细讲解这次盘点的方式及注意事项和盘点卡、盘点单的填写要求（盘点卡、盘点单由各初盘负责人员填写），并了解各仓库可能出现的问题。

3. 明确复盘人员工作安排。

六、具体工作安排

1. 公司组织盘点，划分盘点区域，各盘点区域落实盘点责任人，并将其负责区域及联系方式于正式盘点的前一天（即____年__月__日__时）上报给盘点负责人。

2. ____年__月__日下午各仓库安排专人到财务部门领取盘点表。

3. ____年__月__日__时进行初盘，组长根据工作量合理配置人员，确保按时完成，对于呆滞物料各部门可提前安排盘点。

4. ____年__月__日__时，组长带领复盘人员进行复盘，复盘从初盘先结束的部门开始，复盘采用抽盘的形式，复盘比例不低于30%，初盘人员必须协同复盘人员共同抽查。

5. 如果抽查种类错误率超过5%，初盘人员需对所有货物进行重新盘点。

6. 复盘结束后，各盘点区域应及时整理盘点表，在监盘结束前将盘点表"财务联"交财务监盘人员带走。

7. 本部门向财务部门提交"电子版"及"文本版"盘点汇总表。文本版盘点表应由制表人、实物负责人及部门负责人签字确认。

七、物资盘点实施

1. 整理现场，依据编码、品名、规格、单位将所有存货分类并放在同一区域。

2. 无论实物存放地点在哪，只要是归某仓库管理的存货，由该部门负责盘点，防止漏盘。

3. 尽管物资存放在某部门，但不属该部门管理则不能盘点，防止重盘。

4. 将所有存货的准确数量标示清楚并填至盘点卡及盘点单中。

5. 初盘完成后，将盘点单交给各相应复盘人员。

6. 复盘人员核对盘点卡、盘点单与实际存货的相符状况，确保盘点卡、盘点单与实物的编码、品名、规格、单位、数量都完全相同。

7. 盘点单中所列差异，经存货保管人确认及呈主管副总核准确定盘盈亏后，送交财务部调整入账。

八、盘点卡、盘点单的填写

（一）全部物料、成品部分

全部物料、成品均应在盘点卡、盘点单上填写。

（二）在制品、半成品部分

1. 各仓库货品凡已领料，但仍保持原物料状态者，应以在制品盘点填写。

2. 已检查未入成品库之成品，以半成品盘点填写。

3. 在制品盘点单一律按编码、品名、规格、单位、订单号码填写清楚。

（三）其他填写注意事项

1. 表、物二者编码、品名、规格、单位、数量均需相同，不能有出入，避免遗漏或重复盘点。

2. 填入盘点卡和盘点单的编码、名称、规格，不能凭直观，而要依电脑系统上的数据统一填入。

3. 盘点卡、盘点单统一用阿拉伯数字来填写年、月、日。

4. 闭库前收货的材料必须写入盘点单中，并应全部开出相应的入库单、盘点卡。

5. 同一材料应尽可能摆放在同一区域，尽量避免混入另一区域中。

6. 盘点卡、盘点单填写不明之处，请与财务部联络。

九、盘点卡、盘点单的处理

1. 盘点结束后第二天上午由各区负责人收齐并签署确认后即送仓储部，由仓储部汇总并交财务部。

2. 各仓库区域负责人在使用盘点卡、盘点单时应核算张数，即使作废或空白也不得遗失。

十、注意事项

1. 凡权属公司仓库的一切料件、成品，必须列入盘点卡、盘点单。

2. 任何单位各相关人员应提前做好准备工作。

3. 列入盘点卡、盘点单的各种报废品、不良品也应妥善管理，不得随意放置。

4. 盘点区域存货时须按同一编码、同一品名、同一规格、同一单位，分类整齐摆于同一区域。

5. 各种物料若已打散使用，应使用磅秤量过，登记于盘点卡、盘点单上。

6. 盘点卡应明显粘贴在所有盘存货上，以避免漏盘或重复盘点。

7. 盘点进行时，盘点人员须随时核对现存存货账卡，以利发现"有账无物"或"有物无账"之情形。

8. 复盘人员应对初盘更正项目首先进行复盘，其次是高价存货项目，最后是数量大的存货，盘点结果均应于盘点单上做记录。

9. 复盘时，各区域盘点负责人应派初盘人员陪同复盘，并就所盘项目协力进行点数及辨认工作。	
10. 盘点项目若与初盘有异时，应会同初盘人员重新盘点后更正，初盘及复盘人员同时于更正处签名以示负责，并更正盘点卡及盘点单。	
11. 各盘点负责人必须认真对待盘点工作。	

编制人员		审核人员		审批人员	
编制时间		审核时间		审批时间	

5.1.3 培训：盘点人员培训

为了使盘点工作顺利进行，仓库每次盘点前，公司都会对盘点人员进行短期的培训，使每位盘点人员在盘点工作中掌握盘点的基础知识，降低盘点的失误率。盘点人员培训的具体内容如表 5-1 所示。

表 5-1　盘点人员培训的具体内容

培训项目	具体内容
物资知识的掌握	◆盘点现场的基本情况； ◆盘点商品的基本知识
盘点方法的选择	◆常见的盘点方法有：定期盘点法、循环盘点法、临时盘点法、账面盘点法
盘点操作事项	◆盘点过程中的注意事项； ◆盘点的范围； ◆盘点点数的原则； ◆初盘、复盘的相关规定； ◆其他相关事项

5.1.4 要点：盘点前清理的 7 大要点

盘点前仓库的清理要点主要包括 7 项，盘点前仓库清理的要点如图 5-2 所示。

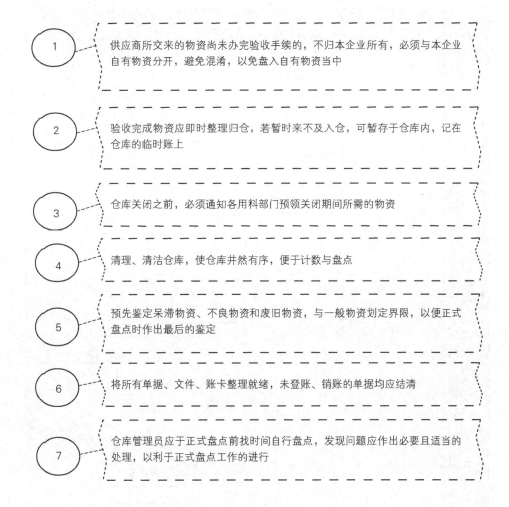

1　供应商所交来的物资尚未办完验收手续的，不归本企业所有，必须与本企业自有物资分开，避免混淆，以免盘入自有物资当中

2　验收完成物资应即时整理归仓，若暂时来不及入仓，可暂存于仓库内，记在仓库的临时账上

3　仓库关闭之前，必须通知各用料部门预领关闭期间所需的物资

4　清理、清洁仓库，使仓库井然有序，便于计数与盘点

5　预先鉴定呆滞物资、不良物资和废旧物资，与一般物资划定界限，以便正式盘点时作出最后的鉴定

6　将所有单据、文件、账卡整理就绪，未登账、销账的单据均应结清

7　仓库管理员应于正式盘点前找时间自行盘点，发现问题应作出必要且适当的处理，以利于正式盘点工作的进行

图 5-2　盘点前仓库清理的要点

5.2　现场盘点

5.2.1　流程：现场盘点工作流程

现场盘点工作流程如图 5-3 所示。

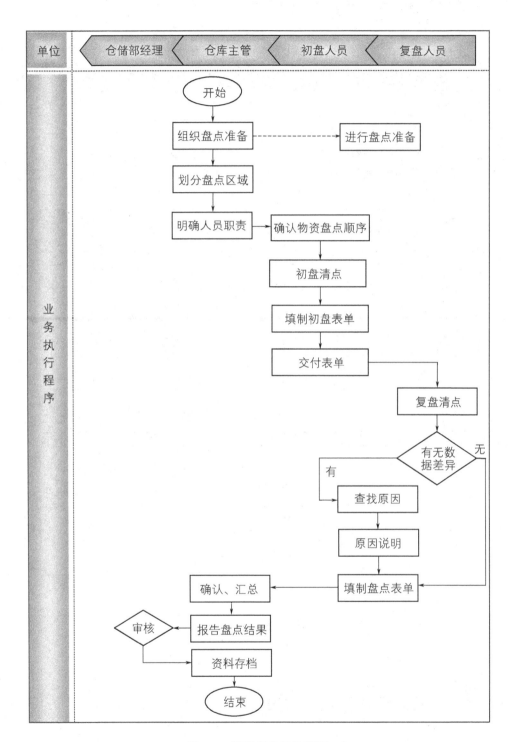

| 单位 | 仓储部经理 | 仓库主管 | 初盘人员 | 复盘人员 |

业务执行程序

开始

组织盘点准备 - - - - - → 进行盘点准备

划分盘点区域

明确人员职责 → 确认物资盘点顺序

初盘清点

填制初盘表单

交付表单

复盘清点

有无数据差异 —无

有

查找原因

原因说明

确认、汇总 ← 填制盘点表单

审核 ← 报告盘点结果

资料存档

结束

图 5-3 现场盘点工作流程

5.2.2　方法 1：定期盘点法

5.2.2.1　定期盘点法的定义及优缺点

定期盘点法又称全面盘点法、一齐盘点法，是指仓库管理员定期对库存货物进行盘点的方法。一般情况下，由仓库主管会同其他仓库管理员按月度、季度、年度，对库存货物进行一次全面的清查盘点。定期盘点的优缺点比较如图 5-4 所示。

图 5-4　定期盘点的优缺点比较

5.2.2.2　定期盘点法的分类

定期盘点法因采用的盘点工具不同，又可分为盘点单盘点法、盘点签盘点法、料架签盘点法三种，具体方法如图 5-5 所示。

在盘点过程中对物资进出动态频率高的，或者是容易损耗的，或者是昂贵、重要的物资应进行重点盘点，以控制重点物资的动态，严防差错。

5.2.3　方法 2：循环盘点法

循环盘点法是指按照货物入库的先后次序，将货物逐区、逐类、分批、分期、分库，有计划地对库存保管的货物循环不断地进行货物盘点。保管人员每天按照计划盘点一定量的在库货物，直至把全部库存货物盘点完毕，再继续开始下一循环。

循环盘点法是在仓库管理员的日常工作中进行，盘点时不必停止仓库作业。循环盘点法盘点程序如图 5-6 所示。

循环盘点法常用的盘点方法有分区轮盘法、分批分堆盘点法、最低存量盘点法三种。循环盘点法的方法分类说明如图 5-7 所示。

盘点单盘点法	◎以物料盘点单总记录结果的盘点方法; ◎盘点单盘点法进行总记录, 在整理列表上十分方便, 但在盘点过程中, 容易出现漏盘、重盘、错盘的情况
盘点签盘点法	◎采用一种特别的盘点签, 盘点后贴在实物上, 经复核后撕下; ◎对于物料的盘点与复盘核对相当方便又正确, 对于紧急用料仍可照发, 临时进料也可以照收, 核账与做报表均非常方便
料架签盘点法	◎以原有的料架签作为盘点的工具, 当盘点计数人员盘点完毕即将盘点数量填在料架签上, 待复核人员复核后, 如无错误即揭下原有料架签而换上不同颜色的料架签, 之后清查部分料架签未换下的原因, 最后再依料、账顺序排列, 进行核账与做报表

图 5-5　定期盘点的具体方法

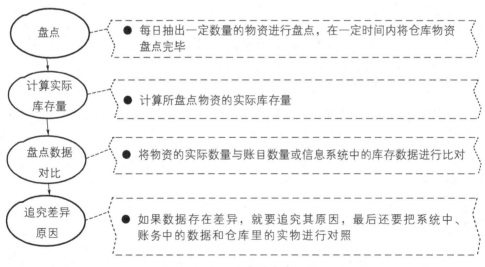

盘点	● 每日抽出一定数量的物资进行盘点, 在一定时间内将仓库物资盘点完毕
计算实际库存量	● 计算所盘点物资的实际库存量
盘点数据对比	● 将物资的实际数量与账目数量或信息系统中的库存数据进行比对
追究差异原因	● 如果数据存在差异, 就要追究其原因, 最后还要把系统中、账务中的数据和仓库里的实物进行对照

图 5-6　循环盘点法盘点程序

5.2.4　方法 3: 临时盘点法

临时盘点又称突击性盘点, 它是根据需要如在日常盘点没有及时跟上、仓库管理员办理交接、发生意外事故的情况下, 或在台风、梅雨、严寒等季节进行的临时突击盘点，临时盘点的内容根据实际需要而确定。临时盘点法的优缺点比较如图5-8所示。

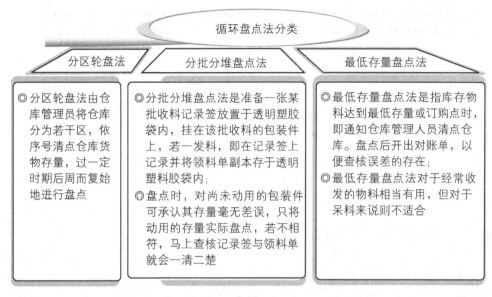

图 5-7　循环盘点法的方法分类说明

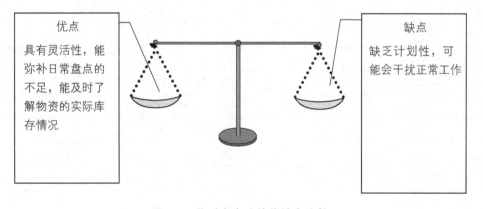

图 5-8　临时盘点法的优缺点比较

5.2.5　方法 4：账面盘点法

账面盘点法也称永续盘点法，它按库存货物的种类、规格设置存货明细分类账，逐日逐笔登记存货收入、发出的数量和金额，并及时地给出存货结存的数量和金额。

账面盘点法的主要特征及优缺点如图5-9所示。

① 主要特征	② 优缺点
◆ 对各个存货项目都设置经常性的库存记录，并根据存货的增减变动进行连续的记录 ◆ 通过每个会计期末对存货进行实地盘点，查明存货盘盈、盘亏以及毁损、变质等情况及原因	◆ 优点：有利于收益计算的准确性，有利于存货的控制与监督 ◆ 缺点：核算工作烦琐

图 5-9　账面盘点法的主要特征及优缺点

5.2.6　工具 1：物资盘存单

物资盘存单如表 5-2 所示。

表 5-2　物资盘存单

编号：　　　　　　　　　　　　　　　　　　　　日期：　年　月　日

第一联			
物资名称		填写日期	
物资编号		存放货位号	
单位		数量	
填写人		盘点单号	
第二联			
物资名称		填写日期	
物资编号		存放货位号	
单位		数量	
核对人	填写人		盘点单号

注：盘点单一式两联，初盘人员应将清点后的数量记于第一联上，另一联供复盘人员填写。

5.2.7　工具 2：物资盘点记录表

物资盘点记录表如表 5-3 所示。

表 5-3　物资盘点记录表

盘点范围：　　　　　　　　　　　　　　　　　　　盘点日期：　　年　　月　　日

责任人	盘点项目			数量					
	品种	入库	出库	账面数量	实际盘点数	差量	批次	票号	出库率

5.3　盘点结果处理

5.3.1　流程：盘点结果处理工作流程

盘点结果处理工作流程如图 5-10 所示。

5.3.2　方法：盘点差异处理方法

库存货物盘损的多少，代表着仓储管理人员的管理水平及责任感，只要结果在合理范围内，均视为正常。如是人为造成的盘点错误，根据仓储管理制度，相关责任人均应受到相应处罚。

对盘点后不同问题的处理有不同的方法，盘点差异的处理方法如图 5-11 所示。

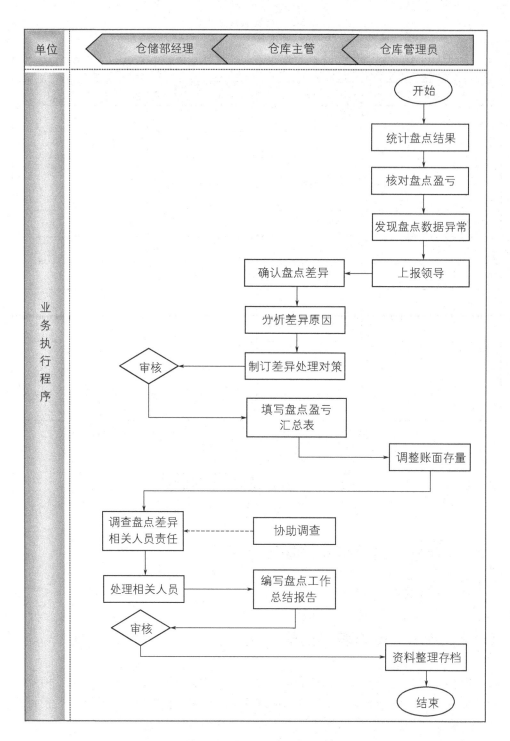

图 5-10　盘点结果处理工作流程

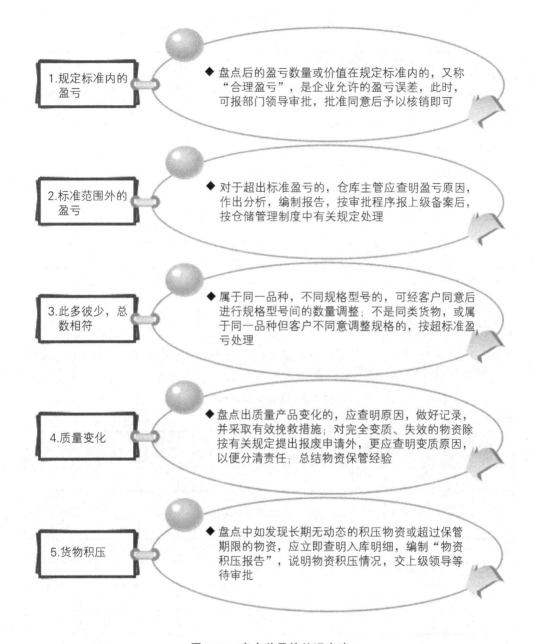

图 5-11　盘点差异的处理方法

1.规定标准内的盈亏 —— ◆ 盘点后的盈亏数量或价值在规定标准内的，又称"合理盈亏"，是企业允许的盈亏误差，此时，可报部门领导审批，批准同意后予以核销即可

2.标准范围外的盈亏 —— ◆ 对于超出标准盈亏的，仓库主管应查明盈亏原因，作出分析，编制报告，按审批程序报上级备案后，按仓储管理制度中有关规定处理

3.此多彼少，总数相符 —— ◆ 属于同一品种，不同规格型号的，可经客户同意后进行规格型号间的数量调整；不是同类货物，或属于同一品种但客户不同意调整规格的，按超标准盈亏处理

4.质量变化 —— ◆ 盘点出质量产品变化的，应查明原因，做好记录，并采取有效挽救措施；对完全变质、失效的物资除按有关规定提出报废申请外，更应查明变质原因，以便分清责任；总结物资保管经验

5.货物积压 —— ◆ 盘点中如发现长期无动态的积压物资或超过保管期限的物资，应立即查明入库明细，编制"物资积压报告"，说明物资积压情况，交上级领导等待审批

5.3.3　工具 1：盘点盈亏汇总表

盘点盈亏汇总表如表 5-4 所示。

表 5-4 盘点盈亏汇总表

编号：   日期： 年 月 日

品名	类别	规格	单位	单价	账面数量	盘点数量	盘盈		盘亏		差异原因	
							数量	金额	数量	金额	说明	对策

会计主管：   制表：

5.3.4 工具 2：盘点差异分析表

盘点差异分析表如表 5-5 所示。

表 5-5 盘点差异分析表

编号：   日期： 年 月 日

物资编码	原存数量	实盘数量	差异数量	差异率/%	单价	金额	差异原因	累计盘盈盘亏数量	累计盈亏金额	对策

第6章

库存控制工作

6.1 库存控制方法选择

6.1.1 流程：库存控制方法选择流程

库存控制方法选择流程如图 6-1 所示。

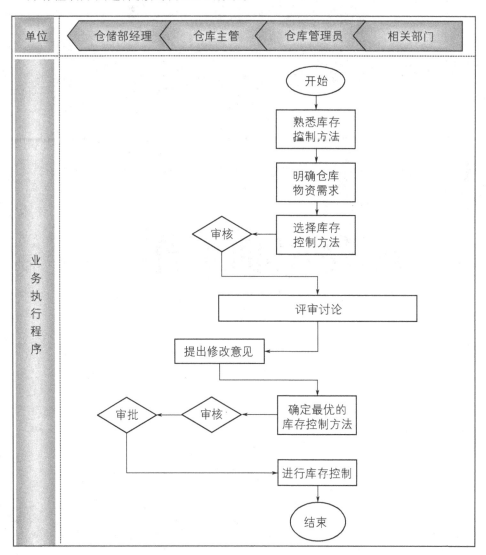

图 6-1 库存控制方法选择流程

6.1.2 方法 1：ABC 分析法

ABC 分析法就是将库存物资按品种和占用资金的多少划分为三个等级，然后针对不同等级的物资进行分别管理和控制。ABC 类物资的特点如表 6-1 所示。

表 6-1 ABC 类物资的特点

物资类别	物资特点
A 类物资	◆特别重要，即品种少但占用资金多
B 类物资	◆一般重要，即品种较多但占用资金一般
C 类物资	◆不重要，即物资品种多但占用资金少

仓库管理员在使用 ABC 法对物资进行分类时，需遵照图 6-2 所示的步骤。

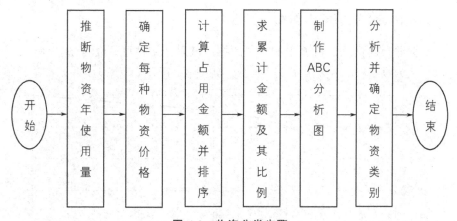

图 6-2 物资分类步骤

6.1.2.1 推断物资年使用量

仓库管理员需根据企业的生产计划、往年入库与出库数量来推断物资的年使用量。

6.1.2.2 确定每种物资价格

仓库管理员需选用统一的计量方法，对全部物资都以进货价格或出货价格计算，并确定物资价格。

6.1.2.3 计算占用金额并排序

仓库管理员可利用物资单价乘以物资年使用量计算出每种物资的年占用金额，

并按年占用金额的大小顺序排列全部品种的物资。

6.1.2.4 求累计金额及其比例

仓库管理员需按照物资占用金额的大小，将其编号、使用量、单价、占用金额等，填入物资 ABC 分类表（表 6-2），并进一步计算出库存累计占用的总金额及各种物资占用库存金额的比例。

表 6-2 物资 ABC 分类表示例

序号	累计品种数	物资编号	使用量	单价	占用金额	占用金额比例	累计占用比例
1							
2							
...							

6.1.2.5 制作 ABC 分析图

仓库管理员需根据分析表中的相关数据，以累计品种百分数为横坐标，资金累计占用比例为纵坐标，绘制 ABC 分析图，如图 6-3 所示。

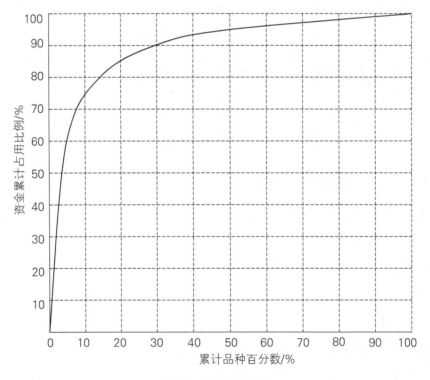

图 6-3 ABC 分析图

6.1.2.6 分析并确定物资类别

仓库管理员需根据制成的图，划分 ABC 类物资。一般来说，A 类物资品种只占存货总数的 15％，但它们的库存金额却占总数的 70％~80％；B 类物资品种占存货总数的 30％，其价值占总金额的 15％~25％；C 类物资品种占存货总数的 55％，但其价值只占总金额的 5％。

因此，在表 6-2 的示例中，序号前 15％左右的物资，其金额百分数为 80％，应将它们确定为 A 类物资；序号在 15％~50％的物资，占总金额的 15％，应将它们划分为 B 类物资；而最后 50％的物资，只占总金额的 5％，应该将其划分为 C 类物资。

在确定物资类别后，仓库管理员依物资特点，对其进行分类控制。ABC 类物资库存控制要点如表 6-3 所示。

表 6-3 ABC 类物资库存控制要点

项目	物资类别		
	A	B	C
管理方式	将库存量压缩到最低	按消耗数量时松时紧地控制库存	以比较高的库存来节省订货费用
订货方式	定期订货	定量订货	双堆法
库存计划	详细计划	统计计算	随时进货
盘查方式	经常盘查	一般盘查	按年/季度盘查
库存记录	详细记录库存数量、金额	主要记录数量	按总金额计
安全库存量	低	较大	允许较高

6.1.3 方法 2：定量订货法

定量订货法是指预先确定一个订货点和订货批量（一般以经济订货批量 EOQ 为标准），随时检查库存，当库存量下降到规定的订货点时就立即提出订货。

定量订货法运行原理如图 6-4 所示。

该方法的目的是使库存管理年总成本最小。在该模型的简单化形式中，不需要设安全库存，无论时间如何变化，年需求量（D）、提前期（L）、价格（C）、每次订货成本（S）、单位物资年保管成本（H）都是常数，订货量（Q）设定为经济订货批量（EOQ），具体计算方法如下。

（1）年库存总成本

年库存总成本＝年购置成本＋年订货成本＋年保管成本

即：

$$TC = DC + \frac{DS}{Q} + \frac{QH}{2}$$

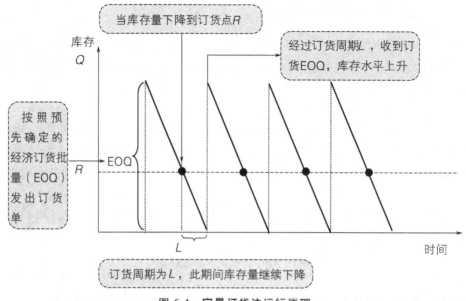

图 6-4　定量订货法运行原理

（2）经济订货批量（EOQ）

Q 的最小值 Q_{opt} 可称为经济订货批量（EOQ），是使订货成本与保管成本相等的值，运用微积分，可计算得：

$$Q_{opt} = EOQ = \sqrt{\frac{2DS}{H}}$$

（3）订货点

订货点的确定主要取决于年需要量和提前期两个因素，不设安全库存的情况下，订货点计算如下：

$$R = L \times \frac{D}{365}$$

6.1.4　方法 3：定期订货法

定期订货法是按预先确定的订货周期（T）按期进行订货，以补充库存的一种库存控制方法。

定期订货法决策思路是每隔一个固定周期检查库存储备量，根据盘点结果与预定的目标库存水平的差额确定每次订购量。定期订货法运行原理如图 6-5 所示。

在此模型中由于需求量是随机变化的，因此，每次盘点时的储备量都是不相等的，为达到目标库存水平 Q_{max} 而需要补充的数量也随着变化。

定期订货法的计算程序，如图 6-6 所示。

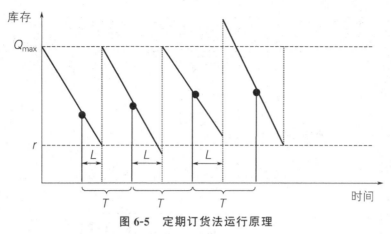

图 6-5　定期订货法运行原理

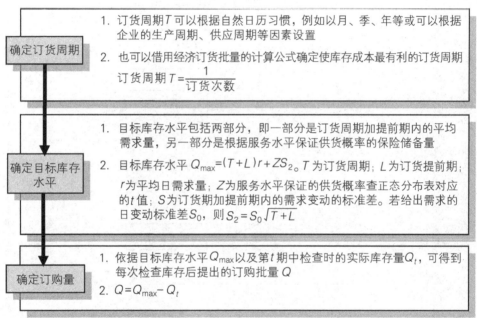

图 6-6　定期订货法的计算程序

6.2　库存量控制

6.2.1　流程：合理库存控制工作流程

合理库存控制工作流程如图 6-7 所示。

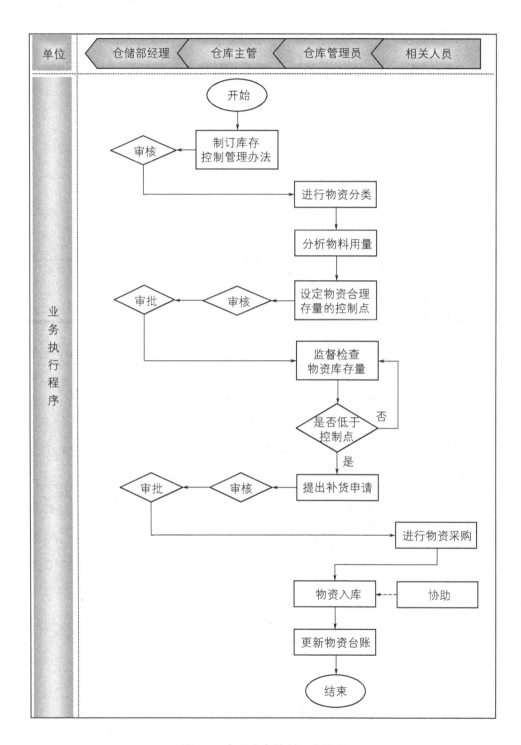

图 6-7　合理库存控制工作流程

6.2.2　因素：影响安全库存量的 2 大因素

安全库存量是指为了预防需求或供应方面不可预测的波动而引起缺货，在仓库中经常应保持的最低库存量。

通过建立适当的安全库存，能减少缺货的可能性，在一定程度上降低库存短缺成本，但安全库存的加大会使库存持有成本增加。因此，企业必须在缺货成本和仓储成本两者之间进行权衡，确定最合适的安全库存量。

影响安全库存量的因素有很多，其中决定性因素主要有两个方面，如图 6-8 所示。

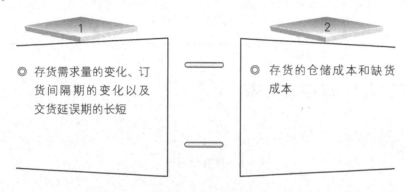

图 6-8　影响安全库存量的两大因素

6.2.3　方法：安全库存量的 2 种计算方法

根据对安全库存量影响因素的分析，可确定安全库存量，安全库存量的计算方法如表 6-4 所示。

表 6-4　安全库存量的计算方法

计算方法	方法说明
概率方法	◆假设在一定时期内需求是服从正态分布的,且只考虑需求量超过库存量的概率,为了求解一定时期内库存缺货的概率,可以利用统计学知识,简单地画一条需求量的正态分布曲线,并在曲线上标明我们所拥有的库存量的位置。当需求量是连续的时候,常用正态分布来描述需求函数; ◆具体计算公式为:安全库存量＝需求量标准正态偏差×标准差

计算方法	方法说明
顾客服务水平方法	◆顾客服务水平,就是指对顾客需求情况的满足程度,顾客服务水平可以根据订货及缺货次数来计算,公式表示为:顾客服务水平 $=1-\dfrac{\text{年缺货次数}}{\text{年订货次数}}\times 100\%$; ◆一般情况下,顾客服务水平越高,说明缺货发生的情况越少,从而缺货成本就较小,但因增加了安全库存量,导致库存的持有成本上升,而顾客服务水平较低,说明缺货发生的情况较多,缺货成本较高,安全库存量水平较低,库存持有成本较小; ◆计算安全库存量,可借助于数量统计方面的知识,对顾客需求量的变化和提前期的变化作为一些基本的假设,从而在顾客需求发生变化、提前期发生变化以及两者同时发生变化的情况下,分别求出各自的安全库存量

6.2.4　工具 1:库存计划表

库存计划表如表 6-5 所示。

表 6-5　库存计划表

编号:　　　　　　　　　　　　　　　　　　　　　　　　日期:　　年　　月　　日

序号	品名及规格	材料编号	生产量		单位用量	用量小计	损耗率/%	总用量	库存量	计划用量	单价	金额	需要日期	备注
			数量	单位										

6.2.5　工具 2:库存余量调节表

库存余量调节表如表 6-6 所示。

表 6-6　库存余量调节表

盘点单编号	存货编号	品名/规格	单位	库存数量			单价	金额	账面数量	差异			备注
				盘点	增加(或减少)	调整后				数量	单价	金额	

6.2.6　工具 3：基准存量设定表

基准存量设定表如表 6-7 所示。

表 6-7　基准存量设定表

编号	品名	规格型号	单位	去年平均月用量	设定月用量	安全存量		请购量		设定请购量	最小包装量
						天数	数量	天数	数量		

6.3　呆废料处理

6.3.1　流程：呆废料处理工作流程

呆废料处理工作流程如图 6-9 所示。

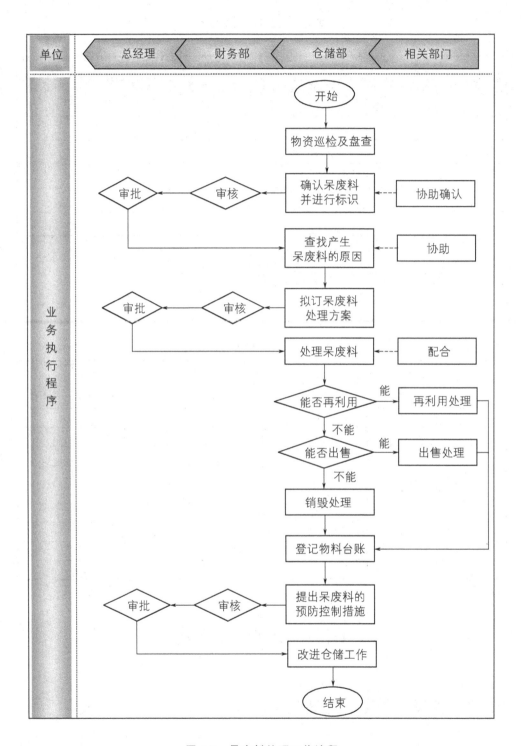

| 总经理 | 财务部 | 仓储部 | 相关部门 |

业务执行程序

开始

物资巡检及盘查

审批 ← 审核 ← 确认呆废料并进行标识 ⤙ 协助确认

查找产生呆废料的原因 ⤙ 协助

审批 ← 审核 ← 拟订呆废料处理方案

处理呆废料 ⤙ 配合

能否再利用 —能→ 再利用处理

不能

能否出售 —能→ 出售处理

不能

销毁处理

登记物料台账

审批 ← 审核 ← 提出呆废料的预防控制措施

改进仓储工作

结束

图 6-9　呆废料处理工作流程

6.3.2　措施1：呆料的预防措施

仓库管理员可以与其他部门负责人一起了解呆料产生的原因，并采取适当的措施进行有效预防。呆料的预防措施如表 6-8 所示。

表 6-8　呆料的预防措施

部门	具体措施
销售部门	◆加强销售计划的稳定性，对销售计划的变更要加以详细地规划； ◆加强订单管理，不要让客户随意取消订单； ◆及时反馈客户需求变更
计划与生产部门	◆加强产销的协调，增加生产计划的稳定性，并妥善处理紧急订单； ◆加强生产线发料、退料的管理； ◆合理安排新旧产品更替，防止旧料变成呆料
物料与仓库部门	◆加强物料计划，防止计划不当形成的呆料； ◆加强库存管理，及时掌握仓库库存变动，并反馈给生产及采购部门
采购部门	◆加强采购管理，减少物资的不当请购、订购； ◆及时与供应商沟通，并对其进行辅导，提高购进物料的质量
品质管理部门	◆建立完善的进料检验制度，并要求检验人员严格执行； ◆采用更加有效的抽样方法； ◆加强检验仪器的精良化

6.3.3　措施2：废料的预防措施

废料是指报废的物料，通常指经过使用或由于保管不当，造成物料本身因残破不堪、磨损过度或已超过寿命年限，而失去原有功能且本身并无利用价值的物料。废料的来源如表 6-9 所示。

表 6-9　废料的来源

来源	具体说明
损坏料	即因保管不当导致物料长霉、腐蚀、生锈等，失去使用价值
边角料	即物资在使用过程中产生了大量物资零头，且已经丧失了其主要功能
旧料	即物料经过使用或储存过久，失去原有性能或色泽，无法使用

针对上述废料的来源，仓库管理员可制订表 6-10 所示的预防措施，以有效预防废料的产生。

表 6-10　废料的预防措施

序号	具体措施
1	加强对仓库中物资的养护工作,预防虫蛀、霉腐、锈蚀等现象的发生,从而减少废料的产生
2	提高对物料的使用效率,减少边角料的产生
3	建立先进先出的物料收发制度,及时处理呆滞料,避免堆积过久而成为陈腐报废的物料

6.3.4　方法 1：呆料的处理方法

对产生的呆料，仓库管理员可以采取图 6-10 所示的方法进行处理。

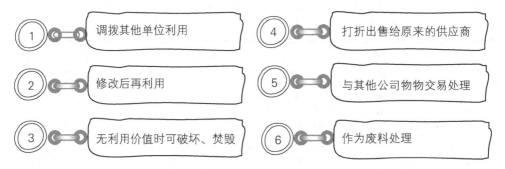

图 6-10　呆料的处理方法

6.3.5　方法 2：废料的处理方法

对产生的废料，仓库管理员可以采取图 6-11 所示的方法进行处理。

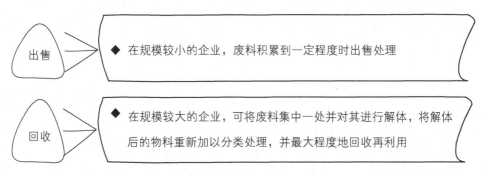

图 6-11　废料的处理方法

6.3.6　工具 1：物资报废申请表

物资报废申请表如表 6-11 所示。

表 6-11　物资报废申请表

物资名称	物资种类		物资编号	报废数量	原用途或制造编号
	□设备工具类 □产品类 □原材料类				
报废原因				处置方式	
成本核算				价值评定	
材料		分摊费用		单位成本	
人工		合计		合计单位	
经理		价值评定		填表人	
入账		填表日期		审核人	

6.3.7　工具 2：呆滞物料处理记录表

呆滞物料处理记录表如表 6-12 所示。

表 6-12　呆滞物料处理记录表

编号：　　　　　　　　　　　　　　　　　　　　　　　日期：　年　月　日

物料名称		物料编号		数量	
处理方式	□废弃	□专用	□转售	□其他处理方式	
处理说明			处置部门		
损失分析					

6.3.8　工具 3：呆废物料处理统计表

呆废物料处理统计表如表 6-13 所示。

表 6-13　呆废物料处理统计表

项目	物料名称	编号	料别	数量	原单价	原价值	处置方式	处置	
								费用	收入
主管			制表			日期		年　月　日	

第 7 章

物资出库工作

7.1 凭证核对

7.1.1 流程：凭证核对工作流程

凭证核对工作流程如图 7-1 所示。

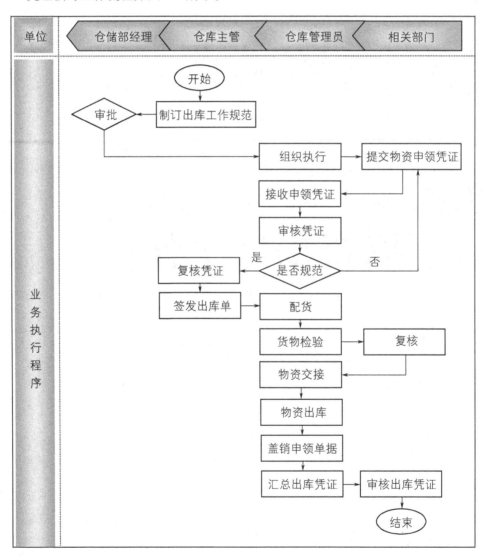

图 7-1 凭证核对工作流程

7.1.2 内容：凭证审核的内容

为了确保物资准确、及时出库，仓库管理员接到出库凭证后，必须对出库凭证进行审核，出库凭证的审核内容如图 7-2 所示。

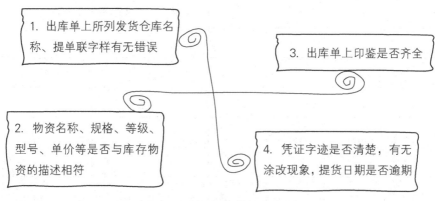

图 7-2 出库凭证的审核内容

7.1.3 方法：凭证核对异常的处理方法

如果在核对出库凭证时发现了问题，仓库管理员应该按照图 7-3 所示的要求进行处理。

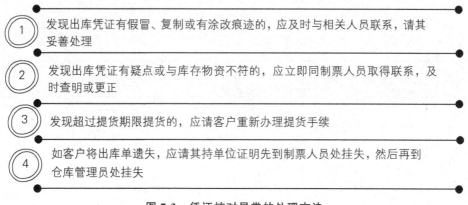

图 7-3 凭证核对异常的处理方法

7.1.4 工具 1：领料单

领料单如表 7-1 所示。

表 7-1　领料单

编号：　　　　　　　　　领料单：　　　　　　　　　　　　　　领料日期：　年　月　日

领用部门			材料用途			
领用日期			发料日期			
物料名称	编码	规格型号	单位	数量	实发数量	金额	备注
发料人签字			审核人			

7.1.5　工具 2：物资出库单

物资出库单如表 7-2 所示。

表 7-2　物资出库单

编号：　　　　　　　　　仓库：　　　　　　　　　　　　　　日期：　年　月　日

名称	规格型号	单位	单价	出库数量	质量等级	销售清单号	交货人	检验人	收货人	储存位置	备注

复核人：　　　　　　　　　　　　　仓库主管：

7.1.6 工具 3: 物资提货单

物资提货单如表 7-3 所示。

表 7-3 物资提货单

日期: 　年　月　日

项目	产品	料号	品名规格	单位	数量	原因说明
总经理		生产部经理		质量管理部	仓储部	提货人

注: 原因说明一栏应填写出库缘由, 一般包括销售、样品、检验及其他情况。

7.2　物资分拣

7.2.1　流程: 物资分拣工作流程

物资分拣工作流程如图 7-4 所示。

7.2.2　方法 1: 摘果分拣法

摘果分拣法是仓库管理员依照出库凭证上所示物资巡回于各个储存点, 将所需的物品一一取出, 从而完成配货。摘果分拣法的优缺点如图 7-5 所示。

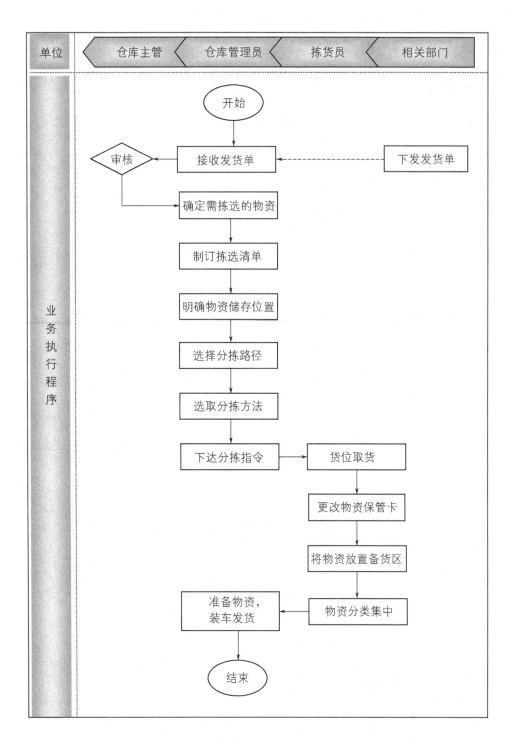

| 单位 | 仓库主管 | 仓库管理员 | 拣货员 | 相关部门 |

开始

接收发货单 ←--- 下发发货单

审核

确定需拣选的物资

制订拣选清单

明确物资储存位置

选择分拣路径

选取分拣方法

下达分拣指令 → 货位取货

更改物资保管卡

将物资放置备货区

准备物资，装车发货 ← 物资分类集中

结束

图 7-4　物资分拣工作流程

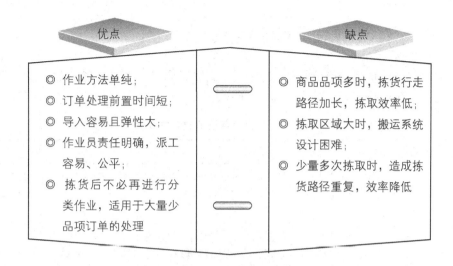

优点
◎ 作业方法单纯;
◎ 订单处理前置时间短;
◎ 导入容易且弹性大;
◎ 作业员责任明确,派工容易、公平;
◎ 拣货后不必再进行分类作业,适用于大量少品项订单的处理

缺点
◎ 商品品项多时,拣货行走路径加长,拣取效率低;
◎ 拣取区域大时,搬运系统设计困难;
◎ 少量多次拣取时,造成拣货路径重复,效率降低

图 7-5　摘果分拣法的优缺点

7.2.3　方法 2:播种分拣法

播种分拣法是把多份订单(多个客户的要货需求)集合成一批,将其中每种商品的所需数量分别汇总,并从储存仓位上取出,集中搬运到理货场所,然后将每一个订货客户所需的数量取出,分放到该订货客户处,直至配货完毕。播种分拣法的优缺点如图 7-6 所示。

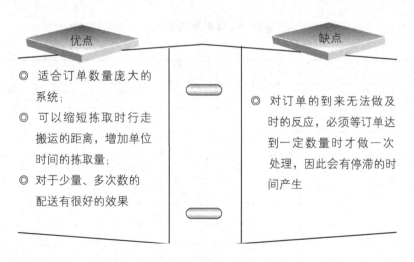

优点
◎ 适合订单数量庞大的系统;
◎ 可以缩短拣取时行走搬运的距离,增加单位时间的拣取量;
◎ 对于少量、多次数的配送有很好的效果

缺点
◎ 对订单的到来无法做及时的反应,必须等订单达到一定数量时才做一次处理,因此会有停滞的时间产生

图 7-6　播种分拣法的优缺点

7.2.4 方法 3：复合分拣法

复合分拣法是将摘果分拣法和播种分拣法组合起来的物资分拣方法。复合分拣法主要有三种组合方式，具体如表 7-4 所示。

表 7-4 复合分拣法的组合方式

方式	具体说明	适用范围
摘果＋播种	将订单汇总，然后将订单上的物资全部拣选出来，放置在顾客订单分拣区，然后按照顾客订单进行拣选	适用于货物品种较少、客户订单较多的情况
播种＋播种	将订单汇总，形成汇总单，然后将一定数量的汇总单再次汇总为二次汇总单，然后按照二次汇总单将订单物资全部取下来，无须上架，按照顾客订单编码和拣选的顺序进行播种操作，把二次汇总单变为一次汇总单，最后再进行二次播种，将一次汇总单变为顾客订单	适用于货物品种较多且客户订单较多的情况
播种、摘果一次完成	将订单汇总一次，形成一次汇总单，借助无线扫描设备，在播种拣货的同时完成摘果	适用于货物品种较多、客户订单较多的情况

7.2.5 工具 1：仓库拣货单

仓库拣货单如表 7-5 所示。

表 7-5 仓库拣货单

拣货单编号：

用户名称			地址			电话	
出货日期				出货货位号			
拣货日期	年　月　日　至　年　月　日					拣货人	
核查时间	年　月　日　至　年　月　日					核查人	

序号	储位号码	商品名称	规格/型号	商品编码	包装单位			数量	备注
					箱	整托盘	单件		

7.2.6 工具2：分拣记录单

分拣记录单如表7-6所示。

表7-6 分拣记录单

编号：　　　　　　　　　　　　　　　　　　　　　　　　　　日期：　年　月　日

序号	分拣日期	物资名称	物资编号	物资规格	数量	批号	拣货单号	拣货人	拣货情况

7.2.7 方案：拣货路径设计方案

下面是拣货路径设计方案。

文案名称	拣货路径设计方案	编号	
		受控状态	

一、目的

为了合理设计拣货路径，提高仓库作业效率，节约成本，特制定本方案。

二、适用范围

本方案适用于仓库手动小件订单拣货路径的设计管理。

三、订单分拣

订单分拣就是依据顾客的订货要求或配送中心的送货计划，尽可能迅速、准确地将物资从其储位拣取出来，并按一定的方式进行分类、集中，等待配装送货的作业过程。

四、设计意义

1. 能够快速、准确地处理客户订单。

2. 近年来，随着电子商务的发展、生产准时制的要求，订单的规模越来越小，甚至是拆箱分拣。拆箱分拣也称为小件订单分拣或单品拣货、拆零拣货。

3. 虽然当前有很多成功的自动分拣系统已经应用到仓储运作中来，但由于仓储分拣系统是一个非静态、非一次性的活动，并且自动分拣系统不仅成本高而且灵活性低，手动分拣系统仍然有一定的实际意义。

五、确定手动小件订单拣货路径设计方式

分拣路径的目标就是确定分拣单上货品的拣货顺序，通过启发式或优化路径来减少分拣人员的行走距离。在实际工作中，本公司通常应用启发式的分拣路径，这主要是由于优化产生的路径可能不符合分拣人员通常工作的逻辑，不容易操作，而且优化路径没有考虑线路拥挤问题。

六、设计手动小件订单拣货路径

有几种针对单区仓库分拣作业的启发式分拣路径方法，即穿越、返回、中点回转、最大间隙、组合策略。此外，还有分割穿越策略、分割回转策略以及针对多区布局应用的通道接通道策略。

（一）穿越式路径方法

1. 当采用穿越路径时，从通道一端进入，拣货人员同时拣取通道两侧货架上的物资，最后从通道另一端离开。在返回出入口之前，分拣人员会走遍所有包含拣取位置的通道。由于该方法的行走路径近似"S"形，所以又称"S"形路径。

2. 穿越式路径方法简单、易执行，适合拣货密度高的情况。

3. 当被拣品分布的巷道数为偶数时，穿越策略必须穿越每个具有被拣品的巷道；当被拣品分布的巷道数为奇数时，除最后一个被拣品所在的巷道外，其余巷道均需要被穿越。因此，穿越策略中拣货巷道内的行走距离完全取决于被拣品分布的巷道数。

（二）返回路径方法

1. 在返回路径方法中，拣货人员从分拣通道的一端进入，先沿路拣取一侧货架上所需物品，当一侧货架上的物品拣取完，就返回开始拣取另一侧货架上的物品，最后从进入通道的一端离开。拣货员只需要进入包含拣取位置的通道，不包含拣取位置的通道可以跳过。

2. 采用返回策略，若要缩短拣货行走距离，则应该使被拣品距离进入巷道的位置尽可能短。也就是说，如果被拣品的分布呈现向货架一端分布的趋势，其返回过程中的行走距离就会缩短，就能使总的行走距离也缩短。

（三）中点回转策略

1. 中点回转策略是从拣货通道的中点处将分拣区域分成前后两部分，拣货人员从通道的一端进入，拣取完货物后回转折返，最远处就是该通道中点，当拣货人员离开拣货区域的前半部分时，拣货要从最右边的通道穿越进入通道后半部分，以同样方法开始后半部分的拣货。当后半部分的拣货完成后，穿越最左边的通道回到出入口。

2. 中点回转策略不但采用回转方法，而且在进入和退出后半部分通道时采取了穿越策略。

（四）分割回转策略

1. 分割回转策略要求先将整个拣货区域分割为前后两个部分，但分割点不一定是以中心点为界。

2. 除了最左巷道和最右巷道必须穿越之外，其他巷道内的行走类似于返回策略；要缩短拣货行走距离，应该使被拣品位置离巷道两端的距离尽可能短。

（五）最大间隙策略

1. 最大间隙策略是指将位于同一个通道内的待取货品和上下两侧底端通道的距离作比较，选择较短距离的路径，若货品和上下两侧底端的通道距离小于货品之间的最小距离，则直接回转。

2. 最大间隙策略与中点回转策略相似，但在最大间隙策略下，分拣人员最远可到达最大间隙而非中点。

（六）通道接通道策略

1. 分拣员从入口处开始，然后进入最左边的有待取物品的通道，当一个纵向通道内的所有品项拣选完时，接着选择一个横向通道进入下一个纵向通道。

2. 通道接通道策略是针对具有多个横向通道仓库的启发式方法。一般来讲，每个纵向通道只访问 1 次。该方法需要确定从一个纵向通道向下一个纵向通道过渡的横向通道。

七、设计方案改进

1. 在拣货路径设计完成后，相关设计人员应根据实际情况，不断调整拣货路径，使设计的拣货路径更实用、更有效。

2. 除了通过合理安排分拣路径减少行走时间外，还可以通过其他方法减少行走时间，如采取自动化设备和管理系统，提高分拣效率，降低仓储运作成本。

编制人员		审核人员		审批人员	
编制时间		审核时间		审批时间	

7.3　物资包装

7.3.1　流程：物资包装工作流程

物资包装工作流程如图 7-7 所示。

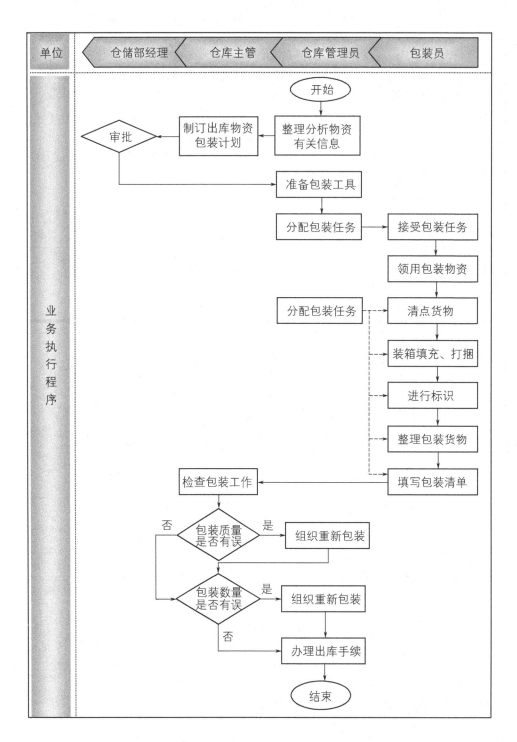

图 7-7　物资包装工作流程

7.3.2 技术：6种技术

对物资进行包装时可采用充填、装箱、裹包、封口、集合包装和调节包装件内气体这六种技术，具体如表7-7所示。

表7-7 物资包装技术

技术	包装技术介绍	适用范围
充填	◆充填是指将内装物按要求的数量装入包装容器的技术； ◆充填技术主要有固体内装物填充法和液体内装物填充法、气体填充法三种	◆充填技术主要用于销售包装，有时也用于运输包装； ◆流动性较差的产品，常选用带有振动进料系统、螺旋推进系统、真空推进系统的充填机械充填
装箱	装箱技术包括箱盖装入式、裹式、套入式 ◆箱盖装入式装箱法是指将内装物沿垂直方向装入箱内； ◆裹式装箱法是指在裹包式装箱机上将末端伸出的裹包材料热压封闭，或用热熔胶封箱； ◆套入式装箱法是指将箱子自上而下地套在产品上	◆裹式装箱法适用于塑料瓶、玻璃瓶、易拉罐等； ◆套入式装箱法常用于包装较贵重的大件物资（如电冰箱、洗衣机等）
裹包	◆扭结式，即用一定长度的包装材料将产品裹成圆筒形，其接缝处不需要黏结或热封，将开口端部分向规定的方向扭结； 折叠式，即从卷筒材料上切下一定长度的材料，将材料裹在被包装物上，用搭接方式将其包成桶状，然后折叠两端并封紧； ◆裹包技术可以结合收缩包装和拉伸包装技法使用	
封口	◆封口是指将产品装入包装容器后封上容器封口； ◆封口技术有封闭物封口法和黏合法	◆适用于纸、木材、塑料、金属等各种包装物
集合包装	◆将若干包装件或商品组合成一个合适的运输单元或销售单元； ◆集合包装一般采用集装箱、托盘集合包装	
调节包装件内气体	◆真空包装，即将物资装入气密性容器后，在容器封口之前抽去里面的空气，使密封后的容器内基本形成真空； ◆脱氧包装，即在密封包装容器中使用脱氧剂来除去其中的氧气； ◆无菌包装，即先将食品和容器分别杀菌并冷却，然后在无菌室内进行包装和密封； ◆硅窗气调包装，即在塑料袋上烫接一块硅橡胶窗，通过硅橡胶窗上的微孔调节袋内气体成分	

7.3.3 标识1：物资包装储运标识

物资包装上的储运标识是根据物资的性质，在包装的一定位置上以简单醒目的图案和文字显示货物在运输、搬运、装卸、储存、堆码和开启时应注意的事项。

《包装储运图示标志》（GB/T 191—2008）对标识的名称、图形、尺寸、颜色和使用要求等做了明确规定，具体内容如下。

7.3.3.1 标识的名称及图形

物资包装储运标识有17类，其名称及图形如表7-8所示。

表7-8 物资包装储运标识名称及图形

标识名称	图形符号	含义
易碎物品		表明运输包装件内装易碎物品，搬运时应小心轻放
禁用手钩		表明搬运运输包装件时禁用手钩
向上		表明该运输包装件在运输时应竖直向上
怕晒		表明该运输包装件不能直接照晒
怕辐射		表明该物品一旦受辐射会变质或损坏

标识名称	图形符号	含义
怕雨		表明该运输包装件怕雨淋
重心		表明该包装件的重心位置,便于起吊
禁止翻滚		表明搬运时不能翻滚该运输包装件
此面禁用手推车		表明搬运货物时此面禁止放在手推车上
禁用叉车		表明不能用升降叉车搬运的包装件
由此夹起		表明装运货物时可用夹持的面

标识名称	图形符号	含义
此处不能卡夹		表明搬运货物时不能用夹持的面
堆码质量极限	...kg$_{max}$	表明该运输包装件所能承受的最大质量极限
堆码层数极限	n	表明可堆码相同运输包装件的最大层数,n 表示从底层到顶层的总层数
禁止堆码		表明该包装件只能单层放置
由此吊起		表明起吊货物时挂绳索的位置
温度极限		表明该运输包装件应该保持的温度范围

7.3.3.2 标识的尺寸

包装储运标识的尺寸一般分为四种,具体如表7-9所示。

表 7-9　包装储运标识的尺寸

尺寸序号	长/mm	宽/mm
1	70	50
2	140	100
3	210	150
4	280	200
备注	如遇特大或特小的运输包装件,标识的尺寸可以适当扩大或缩小	

7.3.3.3　标识的颜色

包装储运标识的颜色为黑色,但当包装的颜色使得黑色标识显得不清晰时,应在印刷面上用适当的对比色,一般避免采用易于同危险品标识相混淆的颜色,如红色、橙色或黄色,且最好以白色作为标识图示的底色。

7.3.3.4　标识的使用要求

仓库管理员在使用物资标识时需遵守其在打印、数目、位置等方面的要求。标识的使用要求如图 7-8 所示。

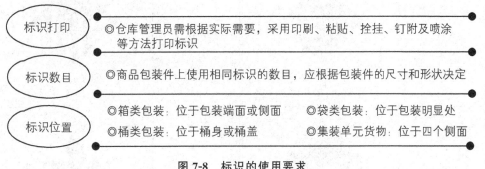

标识打印　◎仓库管理员需根据实际需要,采用印刷、粘贴、拴挂、钉附及喷涂等方法打印标识

标识数目　◎商品包装件上使用相同标识的数目,应根据包装件的尺寸和形状决定

标识位置　◎箱类包装:位于包装端面或侧面　◎袋类包装:位于包装明显处
　　　　　◎桶类包装:位于桶身或桶盖　◎集装单元货物:位于四个侧面

图 7-8　标识的使用要求

7.3.4　标识 2:危险货物包装标识

危险货物包装标识是在物资包装上以特定的标记,表明危险货物的类别和性质,以便物流各个环节的有关人员严格按照作业要求,采取防护措施,保证安全。

《危险货物包装标志》(GB 190—2009)对标识的类别、名称、尺寸、图案、颜色和使用方法等都做了明确的规定。

7.3.4.1　标识的名称及图形

危险货物包装标识分为 9 类共 21 种,其名称、图形及颜色如表 7-10 所示。

表 7-10　危险货物包装标识的名称、图形及颜色

标识名称	标识图形	标识名称	标识图形
爆炸品	爆炸品 1 符号:黑色 底色:橙红色	有毒气体	有毒气体 2 符号:黑色 底色:白色
爆炸品	1.4 爆炸品 1 符号:黑色 底色:橙红色	易燃液体	易燃液体 3 符号:黑色或白色 底色:正红色
爆炸品	1.5 爆炸品 1 符号:黑色 底色:橙红色	易燃固体	易燃固体 4 符号:黑色 底色:白色,红条
易燃气体	易燃气体 2 符号:黑色或白色 底色:正红色	自燃物品	自燃物品 4 符号:黑色 底色:上白下红
不燃气体	不燃气体 2 符号:黑色或白色 底色:绿色	遇湿易燃物品	遇湿易燃物品 4 符号:黑色或白色 底色:蓝色

标识名称	标识图形	标识名称	标识图形
氧化剂	氧化剂 5.1 符号:黑色 底色:柠檬黄色	感染性物品	感染性物品 6 符号:黑色 底色:白色
有机过氧化物	有机过氧化物 5.2 符号:黑色 底色:柠檬黄色	一级放射性物品	一级放射性物品 I 7 符号:黑色 底色:白色,且附一条红竖条
剧毒品	剧毒品 6 符号:黑色 底色:白色	二级放射性物品	二级放射性物品 II 7 符号:黑色 底色:上黄下白,附两条红竖条
有毒品	有毒品 6 符号:黑色 底色:白色	三级放射性物品	三级放射性物品 III 7 符号:黑色 底色:上黄下白,附三条红竖条
有害品(远离食品)	有害品(远离食品) 6 符号:黑色 底色:白色	腐蚀品	腐蚀品 8 符号:上黑下白 底色:上白下黑

标识名称	标识图形	标识名称	标识图形
杂类	 杂类 9 符号:黑色 底色:白色		

7.3.4.2 标识的尺寸

危险货物包装标识的尺寸一般分为四种,具体如表 7-11 所示。

表 7-11 危险货物包装标识的尺寸

尺寸序号	长/mm	宽/mm
1	50	50
2	100	100
3	150	150
4	250	250
备注	如遇特大或特小的运输包装件,标识的尺寸可按规定适当扩大或缩小	

7.3.4.3 标识的使用要求

危险货物包装标识的使用要求如图 7-9 所示。

① 需根据实际需要采用粘贴、钉附及喷涂等方法打印危险货物包装标识

② 危险货物包装标识需位于箱状包装端面或侧面的明显处,或位于桶形包装的桶身、桶盖,或位于集装箱的四个侧面

③ 每种危险品包装件应按其类别贴相应的标识,但如果某种物质或物品还有属于其他类别的危险性质,包装上除了粘贴该类标识作为主标识以外,还应粘贴表明其他危险性的标识作为副标识

④ 标识应清晰,并保证在货物储运期内不脱落

图 7-9 危险货物包装标识的使用要求

7.3.5　要求：危险货物包装的6大要求

在进行危险货物包装时，应该遵循如图7-10所示的要求。

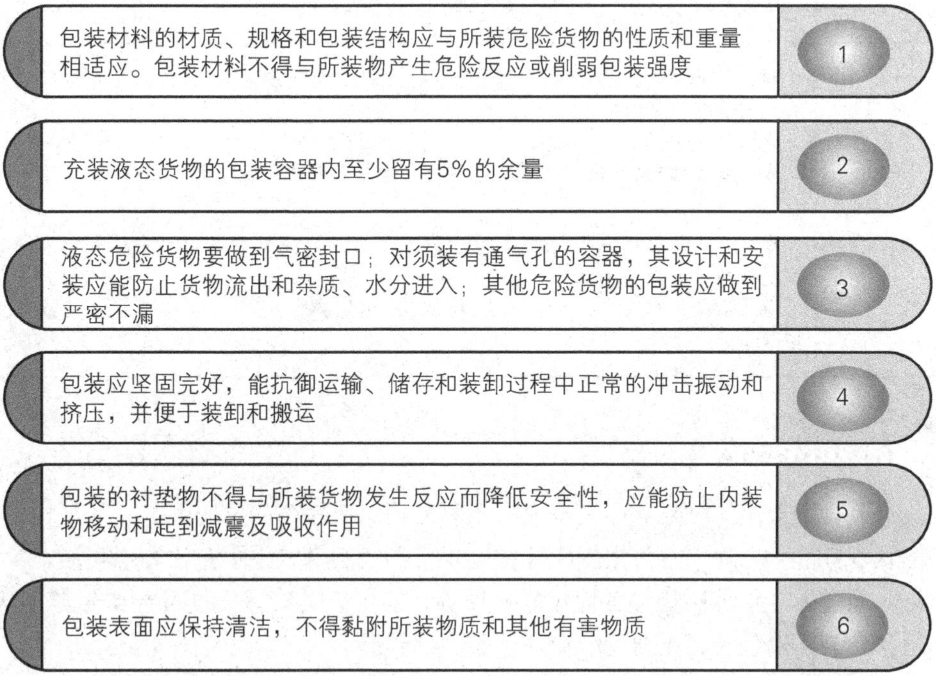

内容	序号
包装材料的材质、规格和包装结构应与所装危险货物的性质和重量相适应。包装材料不得与所装物产生危险反应或削弱包装强度	1
充装液态货物的包装容器内至少留有5%的余量	2
液态危险货物要做到气密封口；对须装有通气孔的容器，其设计和安装应能防止货物流出和杂质、水分进入；其他危险货物的包装应做到严密不漏	3
包装应坚固完好，能抗御运输、储存和装卸过程中正常的冲击振动和挤压，并便于装卸和搬运	4
包装的衬垫物不得与所装货物发生反应而降低安全性，应能防止内装物移动和起到减震及吸收作用	5
包装表面应保持清洁，不得黏附所装物质和其他有害物质	6

图 7-10　危险货物包装要求

7.3.6　工具1：5种包装容器

仓库常见的包装容器有包装袋、包装盒、包装箱、包装瓶及包装罐五种。

7.3.6.1　包装袋

包装袋一般采用挠性材料制成，有较高的韧性、抗拉强度和耐磨性。包装袋是筒管状结构，一端预先封死，在包装结束后再封装另一端，一般采用充填操作。包装袋广泛适用于运输包装、商业包装、内装、外装。包装袋的类型如表 7-12所示。

表 7-12　包装袋的类型

类型	说明
集装袋	◆大容积的运输包装袋,多用聚丙烯、聚乙烯、聚酯纤维等纺织而成,盛装重量在 1t 以上; ◆顶部一般装有金属吊架或吊环等,便于铲车或起重机的吊装、搬运,底部有卸货孔,打开后便可卸货,操作方便; ◆集装袋适合用作颗粒状、粉状物资的运输包装
一般运输包装袋	◆大部分是由植物纤维或合成树脂纤维纺织而成的织物袋,或者由几层挠性材料构成的多层材料包装袋; ◆盛装重量是 0.5～100kg; ◆主要用作粉状、粒状和个体小的物资的外包装或运输包装
小型包装袋	◆通常由单层材料或双层材料制成,某些具有特殊要求的包装袋也有用多层不同材料复合而成; ◆承重量较少,适合用作液状、粉状、块状和异型物等物资的内部包装或商业包装

7.3.6.2　包装盒

包装盒所采用的材料有一定挠性,不易变形,有较高的抗压强度,其结构一般是形状规则的立方体,且可根据实际需要也可制成圆盒状、尖角状等形状。

包装盒适合包装块状及各种异型的物资,但由于其整体强度及包装量都不大,不适合作为运输包装,主要用于商业包装、内包装。

7.3.6.3　包装箱

包装箱的结构与包装盒相同,但容积要大于包装盒。一般由刚性或半刚性材料制成,有较高强度且不易变形。

包装箱的整体强度高,抗变形能力强,包装量大,被广泛地使用于固体杂货的运输包装、外包装,常用的包装箱有以下四种。

(1) 瓦楞纸箱

瓦楞纸箱是用瓦楞纸板制成的箱形容器,适合作为运输包装、销售包装、生产资料包装及生活资料包装。

(2) 木箱

木箱是物资运输中常用的一种包装容器,用量仅次于瓦楞纸箱。它具有防止碰裂、打散、戳穿的性能,有较大的耐压强度,能承受较大负荷,且制作方便,能装载多种性质不同的物资,但其箱体较重,体积也较大,且本身没有防水性。

（3）塑料箱

塑料箱一般用作小型运输包装容器，它的自重轻、耐蚀性好、可装载多种物资，整体性强，强度和耐用性能满足反复使用的要求，可制成多种色彩以对装载物分类。而且与木箱相比，塑料箱没有木刺、不易伤手，便于手握搬运。

（4）集装箱

集装箱是由钢材或铝材制成的大容积物流装运设备，从包装角度看，它属一种大型包装箱，可归属于运输包装的类别之中，也是可反复使用的周转型包装。

7.3.6.4　包装瓶

包装瓶所用材料有较高的抗变形能力，刚性、韧性要求也较高，个别包装瓶形状在受外力时虽可发生一定程度变形，但外力一旦撤除，仍可恢复原来瓶形，其容量一般不大，主要用作液体、粉状货物的商业包装、内包装。

7.3.6.5　包装罐

包装罐所用的材料强度较高，罐体抗变形能力强，可用于运输包装、外包装，也可用于商业包装、内包装。企业中常见的包装罐的种类主要有三种，具体如图7-11所示。

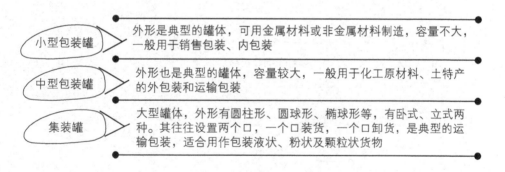

图 7-11　包装罐的种类

7.3.7　工具 2：13 类包装机械

企业中常见的包装机械如下。

7.3.7.1　填充包装机械

填充包装机械是将物资用容器包装起来的机械，主要包括表7-13所示的五种类型。

表 7-13 填充包装机械的种类

类型	说明
装箱机械	◆主要用作纸箱包装,其在包装过程中可以边包覆产品边黏合接口
装盒机械	◆通过机械取出预制纸盒坯,自动打开装入产品后,使纸坯折盒或上胶黏合。主要用于纸盒供给、产品输送、装填、折盒、成品输出、打印、印刷、封口和检测机构等工作
装袋机械	◆主要结构包括张袋装置、计量装置、填充装置和封袋装置,其能够自动完成打开袋口、填充物料、封口的工作
灌装机械	◆用来灌装液体、半液体、固液混合制品
填充机械	◆分为有直接填充机和制袋填充机两种,用来把干燥粉状、颗粒状、块状产品填充在盒、瓶、罐等容器中

7.3.7.2 裹包和捆扎机械

裹包和捆扎机械不同于填充包装机械,它是直接使用包装材料来包装产品的机械,主要包括图 7-12 所示的五种类型。

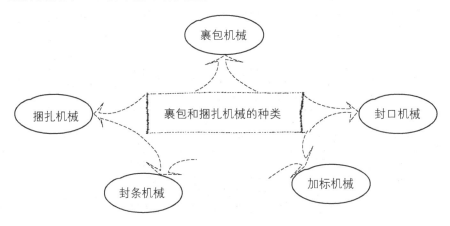

图 7-12 裹包和捆扎机械的种类

7.3.7.3 特种包装机械

特种包装机械主要包括收缩包装机械、热成型包装机械、拉伸包装机械三类,具体内容如下。

(1) 收缩包装机械

收缩包装机械可以对薄膜进行适当加热处理,使薄膜收缩而紧裹物资。使用收缩包装机械进行的包装适合各种形状的产品,尤其是不规则的产品包装。包装过程简单,并有紧贴透明、富有弹性、内置物不松动和整洁卫生等良好的包装效果,同时还使包装体积小、成本低，便于进行集装包装。

（2）热成型包装机械

热成型包装机械又称为吸塑包装机械，其根据成型工艺的不同，可分为泡罩式包装机、贴体包装机、热压成型填充机和真空包装机等。使用热成型包装机械进行的包装具有透明美观、防潮隔气、防渗透等方面的优点，其应用范围十分广泛。

（3）拉伸包装机械

拉伸包装机械是通过机械装置在常温下将弹性塑料薄膜围绕着待包装产品拉伸、裹紧，并在末端进行封合的一种包装机械。

7.3.8　工具3：仓库包装物资清单

仓库包装物资清单如表7-14所示。

表7-14　仓库包装物资清单

清单编号：　　　　　　　　　　　　　　　　　　　包装日期：　年　月　日

序号	物资名称	型号	数量	备注
包装组长签字：		仓储部经理签字：		
注意：以上物资是本产品包装盒内的所有物资，请认真核对				

7.3.9　工具4：出库物资包装检查表

出库物资包装检查表如表7-15所示。

表 7-15　出库物资包装检查表

检查日期：　年　月　日　　　　　　　编号：　　　　　　　检查员：

出库物资名称			形式规格	
检查方式				
包装是否与合同要求相符	□是	□否	备注：	
包装是否破损	□是	□否	备注：	
包装是否变形	□是	□否	备注：	
包装标识清晰	□是	□否	备注：	
产品是否损坏	□是	□否	备注：	
防护是否有效	□是	□否	备注：	
配件是否散落	□是	□否	备注：	
检查结果	□可以投入使用		□不可投入使用	□须改进后使用
改进项目				

7.3.10　工具 5：仓库包装物资使用清单

仓库包装物资使用清单如表 7-16 所示。

表 7-16　仓库包装物资使用清单

编号：　　　　　　　　　　　　　　　　　　使用日期：　年　月　日

名称	编码	型号	尺寸	数量	说明	供应商

第8章

仓库安全工作

8.1 防盗安全

8.1.1 流程：防盗安全工作流程

防盗安全工作流程如图 8-1 所示。

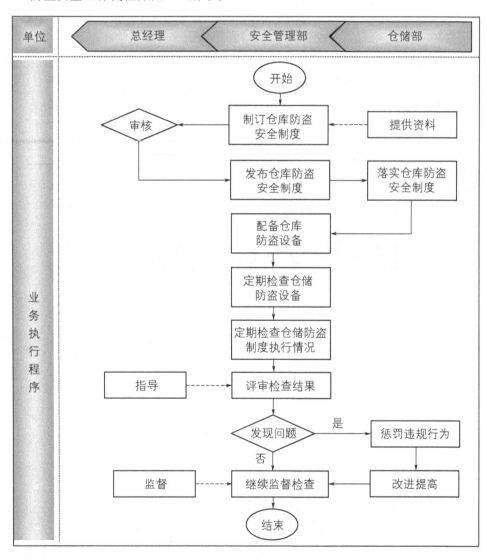

图 8-1 防盗安全工作流程

8.1.2 方法：2大方法

仓库防盗管理方法主要包括硬件管理方法和软件管理方法。

8.1.2.1 硬件管理方法

硬件管理方法主要是指运用电磁探测器、金属探测器、视频监控设备、红外防盗设备等仪器监测防盗的管理方法。

8.1.2.2 软件管理方法

软件管理方法主要是指通过加强巡逻、进出探测检查等人工巡检管理的方法防盗。

8.1.3 规定：仓库防盗安全管理规定

下面是仓库防盗安全管理规定。

制度名称	仓库防盗安全管理规定		受控状态	
			编号	
执行部门		监督部门	编修部门	

第1章 总则

第1条 目的

为了加强仓库防盗安全管理工作，防止不法分子的入侵，保护仓库物资的安全，防止盗窃事件的发生，特制定本规定。

第2条 适用范围

本规定适用于仓库防盗安全管理工作。

第3条 工作方针

仓库防盗工作实行"预防为主，打击为辅，打防结合"的工作方针。

第4条 各部门的职责及权限划分

1. 仓储部是仓库防盗安全工作的负责部门。

2. 安全管理部是仓库防盗安全工作的监督部门。

第2章 仓库防盗管理措施

第5条 加强仓库安保人员保卫工作

1. 人员出入管理

(1) 仓库工作人员出入仓库应佩戴胸章，对未按规定佩戴者，安保人员应予以纠正。

（2）非仓库工作人员进入仓库，必须有仓库主管签发的准入证，方可进入，否则一律不得放行。

（3）任何人携带包裹进出仓库时，必须接受安保人员的安全监督和检查，严禁将危险品带入仓库内，严禁库存物资外流。

2．车辆出入管理

凡进入本公司库区的车辆一律办理登记手续，有仓库主管签字审批的文件，安保人员才能放行。

3．安保人员巡查

安保人员实施轮班制，24小时随时巡查仓库的外围及内部，发现异常情况，立即处理及上报。

第6条　实施视频监控与红外防盗系统管理

公司仓库应当利用现代化技术，安装视频监控与红外防盗系统，提高防盗工作的效率，达到预防与监控盗窃事件的目的。

第7条　落实危险品防盗管理规定

1．仓库应严格依据公司有关危险品的管理规定，妥善对其进行保管、使用。

2．危险化学品在储存、运输过程中，应采取有效的安全防盗措施，以防止危险品丢失，危害社会。

第8条　落实贵重物资管理规定

仓库贵重仪器、设备及保密资料等，应当使用有防护设备的库（柜）存放，指定专人管理，严格执行领用、清退、交接等登记手续。

第9条　一般物资防盗管理规定

1．仓库物资在存储及运输过程中，应当由专人管理并明确其职责，做到定期盘点，以保证账物相符。

2．仓库管理员需定期对物资进行盘点，对重要物资要每天进行盘点。

3．仓库内部要完善健全内部值班、巡检制度，加强日常巡逻，发现可疑的人或事及时报告。

第3章　仓库失窃处理办法

第10条　仓库发生失窃事件，仓库相关人员须在第一时间到达现场，查看该库房门是否有明显损坏或是被硬物撬开的迹象，查看物资丢失情况，做好现场保护工作，并用摄像机拍摄现场。

第11条　视频监控室应保存好相关影像资料，观察有无形迹可疑人员出入，向相关部门及人员提供破案线索。

第12条　仓库相关人员及公司其他部门人员需协助公安机关人员做好案件调查工作。

第4章　仓库防盗奖惩管理办法

第13条　对符合下列条件之一的，公司将对相关部门及人员给予通报表彰及物质奖励。

1．防盗安全措施落实到位，全年未发生盗窃事件的。

2．主动发现仓库安全隐患，及时果断处理，避免盗窃事件发生的。

3．积极反映情况、提供线索，在协助公安机关破案过程中有突出贡献的。

4. 为维护公司的合法财产，与盗窃的违法犯罪分子做斗争的。

第 14 条　对违反本规定，存在安全隐患的仓库，经指出不改的，公司可以给予警告，并责令限期整改。

第 15 条　对有下列情形之一的人员，给予警告或者处以____元以下罚款，情节严重的可以处以____元以下罚款。

1. 防盗责任制流于形式，不检查、不落实防盗安全工作的仓库主要负责人、保卫人员、视频监控室值班人员。

2. 不负责任、擅离职守、无视安全防盗工作的责任人员。

3. 发生盗窃案件时隐匿不报的责任人员。

第 16 条　因玩忽职守导致发生盗窃案件并使公司遭受财产损失的，对有关责任人员除进行经济惩罚外，还可以给予处分，并可以酌情责令其赔偿部分或者全部财产损失。

第 5 章　附则

第 17 条　本规定由仓储部负责修订与解释。

第 18 条　本规定自____年__月__日起执行。

编制日期		审核日期		批准日期	
修改标记		修改处数		修改日期	

8.1.4　工具 1：仓库值班记录表

仓库值班记录表如表 8-1 所示。

表 8-1　仓库值班记录表

年　月　日		签名	值班情况	检查情况
____时____分	值班人员			
____时____分	值班人员			
____时____分	值班人员			
____时____分	值班人员			
____时____分	值班人员			
____时____分	值班人员			
____时____分	值班人员			
____时____分	值班人员			

8.1.5 工具 2：出入仓库登记表

出入仓库登记表如表 8-2 所示。

表 8-2 出入仓库登记表

日期	姓名	所属单位	入库事由	进入时间	离开时间	领导批件	有效证件	门卫签字

8.2 消防安全

8.2.1 流程：消防安全工作流程

消防安全工作流程如图 8-2 所示。

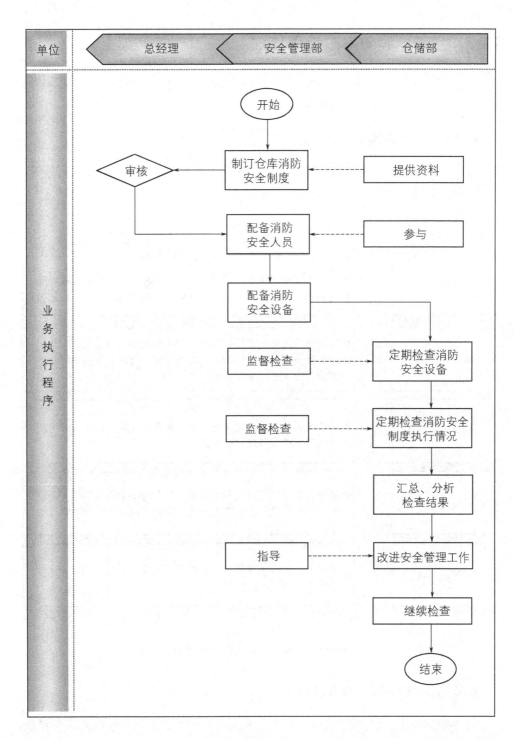

图 8-2　消防安全工作流程

8.2.2 方法：消防事故处理方法

在仓库发生消防事故时，仓库管理员可根据事故现场的实际情况，采取适当的方法进行灭火，以减少物资的损失和人员的伤亡。

8.2.2.1 一般物资灭火方法

仓库一般物资的灭火方法主要有五种，即冷却灭火法、窒息灭火法、拆移灭火法、遮断灭火法及分散灭火法，具体方法如图 8-3 所示。

名称	具体说明
冷却灭火法	◆ 冷却灭火法是降低燃烧物的温度于燃点以下，使之不能燃烧； ◆ 例如水、酸碱灭火器、二氧化碳灭火器等均有一定的冷却作用
窒息灭火法	◆ 窒息灭火法是指使燃烧物得不到足够的氧气而熄灭的方法； ◆ 例如沙土、湿棉被、四氯化碳灭火器、泡沫灭火器等都是运用窒息灭火法灭火的主要工具
拆移灭火法	◆ 拆移灭火法又叫隔离灭火法，即搬开、拆除可燃烧的东西，使火势因缺少可燃物而熄灭
遮断灭火法	◆ 遮断灭火法是指将浸湿的麻袋、旧棉被等物遮盖在火场附近的其他易燃物和未燃物上，防止火势蔓延，进而使燃烧停止
分散灭火法	◆ 分散灭火法就是将集中的物资迅速分散，孤立火源，一般用于露天仓库，库内也可以使用

图 8-3 仓库一般物资的灭火方法

8.2.2.2 特殊物资灭火方法

① 爆炸品引起的火灾主要用水扑救；氧化剂引起的大火多数可用雾状水扑救，也可以用二氧化碳灭火器、泡沫灭火器和沙土扑救。

② 易燃液体引起的火灾用泡沫灭火器最有效，也可用干粉灭火器、沙土、二氧化碳灭火器扑救。由于绝大多数易燃液体都比水轻，且不溶于水，故不能用水扑救。

③ 易燃固体引起的火灾一般用水、沙土、泡沫灭火器、二氧化碳灭火器。如果氧化物着火，就不能使用酸碱灭火器和泡沫灭火器，因为酸与氯化物作用能产生有毒气体，危害性极大。

④ 腐蚀性物资中，碱类或酸类的水溶液着火可用雾状水扑救，但遇水分解的多卤化合物、氯磺酸、发烟硫酸等，绝不能用水扑救，只能用二氧化碳灭火器扑救，有的也可用干沙土灭火。

⑤ 遇水燃烧的物资，只能使用干沙土和二氧化碳灭火器灭火。

⑥ 自燃性物资的起火，可使用大量水或其他灭火器材灭火。

⑦ 压缩气体起火，可用沙土、二氧化碳灭火器、泡沫灭火器扑灭。

⑧ 放射性物资着火，可用大量水或其他灭火剂扑灭。

8.2.3 措施：仓库防火安全措施

可通过控制可燃物、隔绝助燃物、消除着火源、阻止火势蔓延等措施来预防火灾的发生，仓库防火安全措施说明如表 8-3 所示。

表 8-3 仓库防火安全措施说明

措施	具体说明
控制可燃物	用非燃或不燃材料代替易燃或可燃材料；采取局部通风或全部通风的方法，降低可燃气体、蒸气和粉尘的浓度；对能相互作用发生化学反应的物品分开存放
隔绝助燃物	就是使可燃性气体、液体、固体不与空气、氧气或其他氧化剂等助燃物接触，即使有着火源，也因为没有助燃物参与而不致发生燃烧
消除着火源	就是严格控制明火、电火及防止静电、雷击引起火灾
阻止火势蔓延	防止火焰或火星等火源窜入有燃烧爆炸危险的设备、管道或空间，或阻止火焰在设备和管道中扩展，或者把燃烧限制在一定范围，不致向外延烧

8.2.4 设备 1：灭火器

灭火器是以各种不同的化学灭火剂作为灭火物质的设备，它是仓库消防工作中必须具备的消防器材。仓库管理员要了解各种灭火器的作用，并能够根据仓库储存货物的特点正确选择并放置灭火器。

8.2.4.1 灭火器类别

根据充入的灭火剂不同，灭火器分为水型灭火器、泡沫灭火器、二氧化碳灭火器、干粉灭火器、卤代烷灭火器五类。灭火器的类别如表 8-4 所示。

表 8-4　灭火器的类别

灭火器类型	灭火剂类型	灭火原理
水型灭火器	灭火剂如果是清洁的水，可加入适量的防冻剂，以降低水的冰点；也可加入适量添加剂，如抗冻剂、润湿剂、增黏剂等，以提高灭火性能	利用灭火器中喷出的水扑灭火焰
泡沫灭火器	灭火剂分化学泡沫和空气泡沫两种，前者的泡沫由硫酸铝和碳酸氢钠混合产生，后者是根据不同需要分别充装蛋白泡沫、氟蛋白泡沫、轻水(水层膜)泡沫和抗溶性泡沫	用泡沫覆盖燃烧物质的表面，以阻止可燃液体的蒸发和空气的进入
二氧化碳灭火器	灭火剂是液态的二氧化碳	稀释空气，把燃烧区空气中的氧浓度降低到维持物质燃烧的极限氧浓度以下，使燃烧停止
干粉灭火器	灭火剂主要包括碳酸氢钠、碳酸氢钾和磷酸铵盐三类	干粉在火焰中迅速分解，其碱性金属氧化物迅速夺取燃烧反应中的活性基，从而扑灭火灾
卤代烷灭火器	灭火剂是卤代烷，目前应用较广泛的是一氯二氟一溴甲烷(即 1211)、三氟一溴甲烷(即 1301)及四氟二溴乙烷(即 2402)	破坏燃烧的连锁反应而达到灭火作用

8.2.4.2 灭火器选择

仓库管理员需根据仓库内容易发生的火灾类型，选择适当的灭火器。在企业中，根据燃烧物质特性，火灾被分为 A、B、C、D 四类。火灾的类型与灭火器配备如表 8-5 所示。

表 8-5　火灾的类型与灭火器配备

火灾类型	燃烧物质	适用灭火器
A 类火灾	普通固体物质，如木材、棉、毛、纸张等	水型灭火器、泡沫灭火器、干粉灭火器、卤代烷灭火器
B 类火灾	液体或可熔化的固体物质，如汽油、煤油、原油、甲醇、乙醇、沥青、石蜡等	干粉灭火器、卤代烷灭火器、二氧化碳灭火器

火灾类型	燃烧物质	适用灭火器
C类火灾	气体物质,如煤气、天然气、甲烷、乙烷、丙烷、氢气等	干粉灭火器、卤代烷灭火器、二氧化碳灭火器
D类火灾	金属物质,如钾、钠、镁、钛、锆、锂、铝镁合金等	尚无有效的灭火器,此时应用特殊的灭火剂,如干砂等

8.2.4.3　灭火器配置、摆放

仓库管理员在配置、摆放灭火器时,应注意下列问题。

① 仓库管理员配置灭火器时,应充分考虑仓库的火灾危险等级,选用适当灭火级别的灭火器。通常应按每 $100m^2$ 配置一个灭火器计算,每栋库房配置的灭火器不得少于两个。

② 室内的灭火器应摆放在明显的地方,并作出明确的标示,而室外灭火器应悬挂在仓库外面的墙上,距离地面高度要求不超过 1.5m。

③ 灭火器的放置地点要远离取暖设备并防止阳光直射。

8.2.4.4　灭火器保养

为了保证灭火器的正常使用,仓库管理员要做好灭火器的保养工作,灭火器保养的内容如图 8-4 所示。

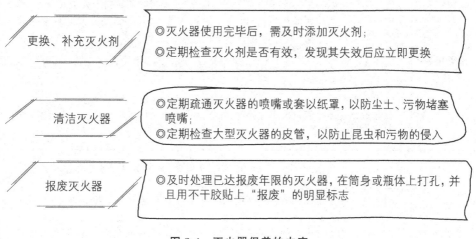

图 8-4　灭火器保养的内容

8.2.4.5　灭火器使用

企业员工在使用灭火器灭火时,需遵守表 8-6 所示的要求,在保证个人人身安

全的前提下，扑灭火灾。

表 8-6 灭火器使用要求

灭火器类型	使用要求
水型灭火器	◎将水型灭火器提至火场,在距离燃烧物 10m 处将灭火器直立放稳; ◎摘下保险帽,用手掌拍击开启杆顶端的凸头,使贮气瓶的密膜片被刺破,二氧化碳气体进入筒体内,迫使清水从喷嘴喷出; ◎一只手提起灭火器,另一只手托住灭火器的底圈,将喷射的水流对准燃烧最猛烈处; ◎随着灭火器喷射距离的缩短,操作者应逐渐向燃烧物靠近,使水流始终喷射在燃烧处,直到将火扑灭; ◎在喷射过程中,灭火器应始终与地面尽量保持垂直状态,切勿颠倒或横卧,否则,会使加压气体泄出而灭火剂不能喷射
泡沫灭火器	◎使用化学泡沫灭火器时,应注意不得使灭火器过分倾斜,更不可横拿或颠倒,以免灭火器中两种药剂混合,导致泡沫提前喷出; ◎使用空气泡沫灭火器时,应在距燃烧物 6m 左右处拔出保险销,一只手握住开启压把,另一只手握住喷枪,然后紧握开启压把,将灭火器密封开启,使泡沫从喷枪喷出; ◎在使用化学泡沫灭火器时,应将筒体颠倒过来,一只手紧握提环,另一只手扶住筒体的底圈,将射流对准燃烧物; ◎在使用空气泡沫灭火器的过程中,应一直紧握开启压把,不能松开,也不能将灭火器倒置或横卧使用,否则会中断喷射
二氧化碳灭火器	◎使用时可以将灭火器提到或扛到火场,在距燃烧物 5m 左右处拔出保险销,一只手握住喇叭筒根部的手柄,另一只手紧握启闭阀的压把,将二氧化碳喷向燃烧物体; ◎对于没有喷射软管的二氧化碳灭火器,应把喇叭筒往上扳 $70° \sim 90°$; ◎使用灭火器时,不能直接用手抓住喇叭筒外壁或金属连线管,以防止手被冻伤; ◎灭火器在喷射过程中应保持直立状态,切不可平放或颠倒使用; ◎在室外使用二氧化碳灭火器时,应选择在上风方向喷射;在室内窄小空间使用的,灭火后操作者应迅速离开,以防窒息
干粉灭火器	◎灭火时可手提或肩扛灭火器快速奔赴火场,并在距燃烧物 5m 左右处放下灭火器喷射,如在室外应选择在上风方向喷射; ◎所使用的干粉灭火器若是外挂式储压式的,操作者应一只手紧握喷枪、另一只手提起储气瓶上的开启提环; ◎所使用的干粉灭火器若是内置式储气瓶的或者是储压式的,操作者应先将开启把上的保险销拔下,然后一只手握住喷射软管前端喷嘴部,另一只手将开启压把压下,打开灭火器灭火; ◎当干粉喷出后,应迅速对准火焰的根部左右晃动扫射,使干粉能够迅速覆盖燃烧物体的表面

灭火器类型	使用要求
卤代烷灭火器	◎可通过手提提把或肩扛的方式将灭火器带到灭火现场,在距燃烧物 5m 左右处放下灭火器,拔出保险销,一只手握住开启把,另一只手握在喷射软管前端的喷嘴处。如果灭火器无喷射软管,可一只手握住开启压把,另一只手扶住灭火器底部的底圈部分,先将喷嘴对准燃烧处,用力握紧开启压把,使灭火器喷射; ◎灭火器使用时不能颠倒,也不能横卧,防止灭火剂不喷出; ◎因卤代烷灭火剂有一定的毒性,为避免对人体造成伤害,在室外使用时,应选择在上风方向喷射,在窄小的室内灭火时,灭火后操作者应迅速撤离

8.2.5 设备 2：消防栓

消防栓又称消火栓，一种固定式消防设施，主要作用是控制可燃物、隔绝助燃物、消除着火源，一般可分为室内消火栓及室外消火栓两种。

8.2.5.1 室内消火栓

（1）室内消火栓的组成

室内消火栓是建筑物内的一种固定消防供水设备，它主要包括消火栓、消防软管卷盘、消火栓箱三部分。

消火栓由手轮、阀盖、阀杆、车体、阀座和接口等组成，平时与室内消防给水管线连接，遇有火灾时，把消防栓阀门手轮按开启向旋转，即能射出水流。

消防软管卷盘通常装在与室内消防栓供水管相连的支供水管上，主要由转动部分、支撑部分和导流部分组成，其各部分的构造及作用如表 8-7 所示。

表 8-7　消防软管卷盘的组成

部位	构成零件	主要作用
转动部分	转盘、摆臂、轮壳支架	用于输水管展开和收回
支撑部分	底座和支持架	用于卷盘的安装,并进行支撑
导流部分	出水管、进水管、水密封套和连接件	主要用作导流、喷射水,还可防止水渗漏

消火栓箱是用于盛装室内消防设备的箱体，内有水带、水枪，并与消火栓出口连接。

（2）室内消火栓的保养

仓库管理员在日常的工作中，应做好室内消火栓的维护与保养工作，具体工作要求如图 8-5 所示。

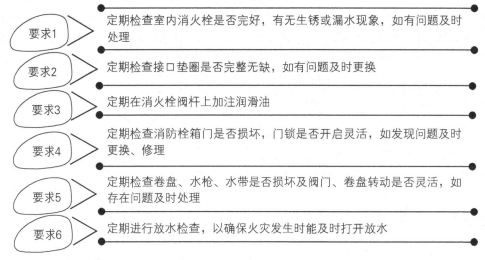

图 8-5　室内消火栓维护与保养工作要求

（3）室内消火栓的使用操作

仓库管理员在使用室内消火栓时，应按照图 8-6 所示的步骤进行操作。

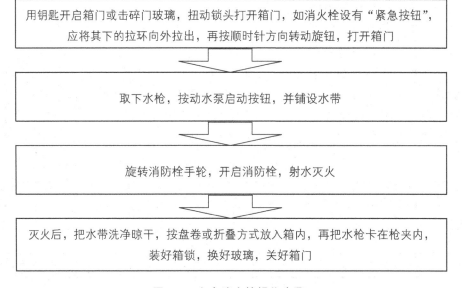

图 8-6　室内消火栓操作步骤

8.2.5.2　室外消火栓

室外消火栓与城镇自来水管网相连接，它既可供消防车取水，又可连接水带、水枪，直接出水灭火。室外消火栓有地上消火栓和地下消火栓两种。

地上消火栓适用于气候温暖地区，其主要由弯座、阀座、排水阀、法兰接管、启闭杆、本体和接口等组成。仓库管理员在使用消火栓时，需将消火栓钥匙扳头套在启闭杆上端的轴心头之后，按逆时针方向转动消火栓钥匙，阀门即可开启，水由出水口流出；按顺时针方向转动消火栓钥匙时，阀门便关闭，水不再从出水口流出。

仓库管理员需定期对地上消火栓进行检查和保养，确保消火栓完好可用。仓库管理员需按图 8-7 所示步骤进行地上消火栓的检查和保养工作。

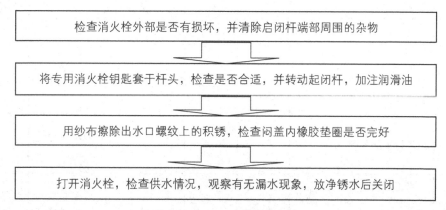

检查消火栓外部是否有损坏，并清除启闭杆端部周围的杂物

将专用消火栓钥匙套于杆头，检查是否合适，并转动起闭杆，加注润滑油

用纱布擦除出水口螺纹上的积锈，检查闷盖内橡胶垫圈是否完好

打开消火栓，检查供水情况，观察有无漏水现象，放净锈水后关闭

图 8-7　地上消火栓检查步骤

地下消火栓则适用于气候寒冷地区，安装在地面下，不易冻结与损坏，但由于其目标不明显，故应在地下消火栓附近设立明显标志。地下消火栓的使用方法与地上消火栓基本相同，即应打开消火栓井盖，拧开闷盖，接上消火栓与吸水管的连接口或接上水带，用专用扳手打开阀塞即可出水，用完后要将其恢复原状。

8.2.6　工具：消防安全检查表

消防安全检查表如表 8-8 所示。

表 8-8　消防安全检查表

仓库：　　　　检查人：　　　　　　　　检查时间：　年　月　日至　年　月　日

序号	检查内容	__月__日	__月__日	__月__日	__月__日	__月__日	__月__日	__月__日
		周一	周二	周三	周四	周五	周六	周日
1	是否有明确的消防安全负责人							
2	灭火器位置是否醒目、是否完好							

序号	检查内容	__月__日 周一	__月__日 周二	__月__日 周三	__月__日 周四	__月__日 周五	__月__日 周六	__月__日 周日
3	消火栓是否醒目无遮拦，完整好用							
4	防火门是否正常							
5	火灾自动报警系统是否运行正常							
6	用火、用电有无违章行为							
7	员工是否按规定进行消防安全培训							
8	是否有其他异常情况							

8.3 作业安全

8.3.1 作业 1：装卸

装卸作业安全是仓库安全管理的一个重要方面，它关系到仓储作业的效率及装卸人员的人身安全。仓库管理员在工作过程中，必须明确出入库作业的安全操作规程。

仓库装卸作业主要有人力装卸及机械装卸两种，它们有不同的安全操作要求。

8.3.1.1 人力装卸作业安全操作要求

人力装卸作业安全操作基本要求主要有 6 项，如图 8-8 所示。

8.3.1.2 机械装卸作业安全操作要求

机械装卸作业的安全操作基本要求有 4 点，具体如图 8-9 所示。

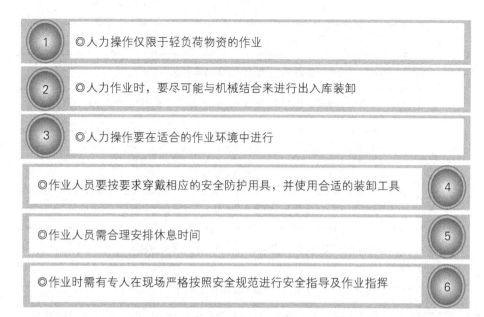

图8-8 人力装卸作业安全操作基本要求

图8-9 机械装卸作业的安全操作基本要求

8.3.2 作业2：储存

仓库管理员在仓库实施储存作业时，要遵守储存的基本安全要求，以确保储存保养安全。仓库储存安全要求如图8-10所示。

8.3.3 作业3：运输

运输作业也是仓库安全管理的一个重要方面，它关系到装载物资在运输过程中

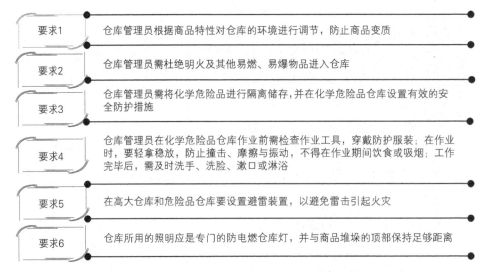

要求1	仓库管理员根据商品特性对仓库的环境进行调节，防止商品变质
要求2	仓库管理员需杜绝明火及其他易燃、易爆物品进入仓库
要求3	仓库管理员需将化学危险品进行隔离储存，并在化学危险品仓库设置有效的安全防护措施
要求4	仓库管理员在化学危险品仓库作业前需检查作业工具，穿戴防护服装；在作业时，要轻拿稳放，防止撞击、摩擦或振动，不得在作业期间饮食或吸烟；工作完毕后，需及时洗手、洗脸、漱口或淋浴
要求5	在高大仓库和危险品仓库要设置避雷装置，以避免雷击引起火灾
要求6	仓库所用的照明应是专门的防电燃仓库灯，并与商品堆垛的顶部保持足够距离

图 8-10   仓库储存安全要求

的安全及运输人员的人身安全。仓库管理员在工作过程中，必须明确运输作业的安全操作规程。

8.3.3.1 装载物资的基本要求

① 运载车辆不得超载。

② 车辆装载货物的高度、宽度和长度应按交通管理部门的规定执行。

③ 装载货物必须均衡平稳、捆扎牢固，车厢侧板和后栏板要关好、拴牢；货物长度超过后栏板时，不得遮挡号牌、转向灯、尾灯和制动灯。

④ 装载散装或液态货物时，不得散落、飞扬或滴漏车外。

8.3.3.2 装载化学危险品应注意的问题

① 化学危险品的载运必须经企业交通安全管理部门和保卫部门批准，按指定的线路和制定的时间内行驶。

② 化学危险品必须由有经验的驾驶员驾驶，并选派熟悉危险品性质和有关安全防护知识的人员押运。

③ 运载车辆必须配备与危险品性质相对应的防护和消防器材，车厢两端上方须有危险标志。

④ 在货车排气管消音器处装设火星罩，易燃易爆品专用货车的排气管应装在车厢前一侧，向前排气。

⑤ 装载液态和气态易燃易爆品的罐车，必须挂接地静电导链；装载液化气体的车辆应有防晒装置。

⑥ 有毒物品不得与其他货物混装，装载车辆用后应进行清洗消毒。

⑦ 运载危险品的车辆在行驶的过程中应尽量保持匀速，不得紧急制动。

⑧ 两台以上的车辆同时运载易燃易爆品时，应至少保持 50m 的距离。

8.3.4 措施：作业安全防护措施

8.3.4.1 树立安全作业意识

仓库安全作业管理直接关系到作业人员的人身安全、货物的安全、作业设备和仓库设施的安全，为使仓库能安全地进行作业，仓库管理员应树立强烈的安全作业意识。

8.3.4.2 佩戴安全防护用具

根据实际作业需要，仓库管理员应向仓库内工作人员发放安全防护用具，如安全帽、防护手套、防护服等，作业人员按要求佩戴、使用安全防护用具。

8.3.4.3 改善工作条件

仓库的环境会直接影响仓库工作人员的健康，通过适当地改善仓库的环境及卫生条件，能够有效地保护工作人员的健康。具体可以从以下 3 个方面来改善工作条件。

（1）防止粉尘的危害

仓库应根据实际情况采取措施，尽可能地创造一个无尘的工作环境。防止粉尘危害的 4 个措施如图 8-11 所示。

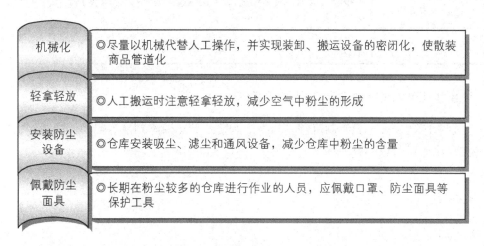

机械化	◎尽量以机械代替人工操作，并实现装卸、搬运设备的密闭化，使散装商品管道化
轻拿轻放	◎人工搬运时注意轻拿轻放，减少空气中粉尘的形成
安装防尘设备	◎仓库安装吸尘、滤尘和通风设备，减少仓库中粉尘的含量
佩戴防尘面具	◎长期在粉尘较多的仓库进行作业的人员，应佩戴口罩、防尘面具等保护工具

图 8-11 防止粉尘危害的 4 个措施

（2）防止化学危险品的危害

为防止化学危险品的危害，仓库可采取 4 项措施，具体内容如图 8-12 所示。

1. 加强仓库的通风排气，控制仓库的温湿度变化

2. 对所储存的危险品进行妥善保管，并定期对其进行检查

3. 对防护用品进行定期检查，发现失效或不合格的用品应立即停止使用用并更换

4. 在化学危险品仓库进行作业时，作业人员必须严格遵守安全操作规范，并佩戴必要的防护工具

图 8-12　防止化学危险品危害的 4 项措施

（3）防止天气的伤害

为防止天气对作业人员的伤害，仓库应根据天气状况做好表 8-9 中的 3 项措施。

表 8-9　防止天气伤害的 3 项措施

天气状况	具体措施
夏季气温过高	◆仓库应采取降温措施并提供防暑用品，以防止作业人员中暑
冬季气温过低	◆仓库要加强防冻措施，为职工设置取暖的场所，并为露天作业人员配备防寒服装
雨、雪、大风天气	◆仓库要为作业人员准备必需的防护用具，加强作业的安全性，以确保作业人员的安全

8.3.4.4　建立健全劳动保护制度

仓库应建立安全教育制度、安全生产制度、劳动保障制度等劳动保护制度，加强对仓库工作人员健康的保护。

第9章

仓库信息化工作

9.1　智能自动化仓库

9.1.1　发展：从人工到智能

随着"互联网＋"的兴起，物联网技术的应用，自动化技术渗透到了每个领域，特别是物流仓储行业。仓储领域的发展可分为五个阶段：人工仓储阶段、机械化仓储阶段、自动化仓储阶段、集成化仓储阶段和智能自动化仓储阶段，具体内容如下。

（1）人工仓储阶段

在人工仓储阶段，物资的输送、储存、管理和控制等工作主要靠人工操作完成，其优点是实时性和直观性的。

（2）机械化仓储阶段

在机械化仓储阶段，物资可以通过人工操作输送车、机械手、吊车、堆垛机和升降机等搬运工具来移动和搬运，用货架托盘和可移动货架储存物资，用限位开关、螺旋机械制动和机械监视器等控制设备的运行。此阶段满足了仓储速度、精度、高度、重量、重复存取和搬运等方面的要求。

（3）自动化仓储阶段

20 世纪 50 年代末至 60 年代，人们相继研制和采用了自动导引小车（AGV）、自动货架、自动存取机器人、自动识别和自动分拣等系统。20 世纪 70 年代至 80 年代，旋转体式货架、移动式货架、巷道式堆垛机和其他搬运设备都加入了自动控制的行列。

在这个阶段，虽然各个设备能够实现局部的自动化并能够各自独立应用，但由于相互之间缺少信息的沟通，因而形成了一个个"自动化孤岛"。

（4）集成化仓储阶段

在 20 世纪 70 年代末至 80 年代，"自动化孤岛"通过集成化形成了统一的集成化系统。在集成化系统中，整个系统的有机协作，使总体效益和生产的应变能力大大超过各部分独立效益的总和。

（5）智能自动化仓储阶段

在 20 世纪 90 年代后期至 21 世纪的若干年内，智能自动化仓储将是自动化技术的主要发展方向。

9.1.2　构成：智能自动化仓库的构成

现代智能化仓库是一个复杂、综合的自动化系统，它由土建、机械和电气设施、设备，以及各类信息系统所组成，有较高的单位面积储存量，并能够实现货物的快速搬运、堆码、分拣、配送作业，从而提高库存货物的流通效率，降低存货成本。

智能自动化仓库主要由四部分构成，其结构如图 9-1 所示。

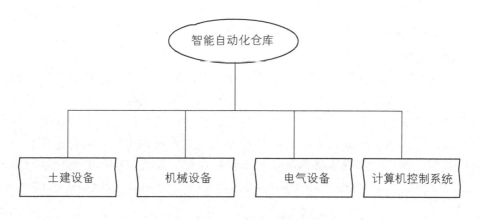

图 9-1　智能自动化仓库组成结构

9.1.2.1　土建设备

土建设施是仓库的基础，现代智能化仓库的土建设施主要包括厂房、消防系统、照明系统、通风及采暖系统、动力系统及排水设备、避雷接地设施和环境保护设施等。

9.1.2.2　机械设备

现代智能化仓库的机械设备主要包括货架、托盘、搬运设备和运输设备四部分，具体内容如下所示。

（1）货架

智能化仓库中主要使用高层货架，它的高度一般在 10～30m 之间，最高可达 40m，长度一般为高度的 2.5～6 倍，摆放密度较大。企业中常见的高层货架可以分为整体式货架和分离式货架两种，它们的结构及特点如表 9-1 所示。

表 9-1　两类高层货架的结构及特点

货架类型	结构	特点
整体式货架	货架与仓库建筑相连接,用作储存商品,并支撑仓库屋架及墙体	◎货架的建设费用较低,但建成后很难改建、扩建; ◎当货架高度大于 12m 时,一般采用这种货架
分离式货架	货架置于库房建筑内,只用于存放商品,与库房建筑分离	◎投资少,建设周期短,便于改建、扩建; ◎当货架高度小于 12m 时,常采用这种结构

(2) 托盘

托盘是指一种便于装卸、运输、保管、使用的,由可以承载单位数量物品的负荷面和供叉车作业的插入口构成的装卸用垫板。托盘的种类很多,目前国内外常见的实物托盘大致可分为平面托盘、立柱式托盘、箱式托盘、塑料垫板托盘、滑板托盘、轮式托盘以及特种专用托盘 7 大类。现代智能化仓库中,商品的装卸、搬运、储存都必须实现全托盘化作业。在我国企业中使用最频繁的托盘的规格有 800mm×1000mm、800mm×1200mm、1000mm×1200mm 三种。

(3) 搬运设备

搬运设备是现代智能仓库中重要的设备,它们一般由电力驱动,通过自动或手动控制,将货物从一处搬到另一处。常见的搬运设备有升降梯、搬运车、巷道式堆垛机、双轨堆垛机、无轨叉车和转臂起重机等。

(4) 运输设备

运输设备是现代智能化仓库中的辅助设备,能够将各物流站有效衔接起来。运输设备主要有运送机及运输车两种,其中,运送机有辊式、链式、轮式、皮带式、滑板式、悬挂式等多种形式,而运输车有自动引导车、有轨小车、梭式小车及其他地面运输车。

9.1.2.3　电气设备

现代智能化仓库中的电气设备主要包括检测装置、信息识别装置、控制装置、监控及调度设备、计算机管理系统、数据通信设备、大屏幕显示器及图像监视设备八部分,具体如下。

(1) 检测装置

智能化仓库系统必须具有检测装置,检测各类物理参数及相应的化学参数,并通过对这些检测数据的判断、处理为系统决策提供最佳依据，使系统处于理想的工作状态。仓库检测装置类别如图9-2所示。

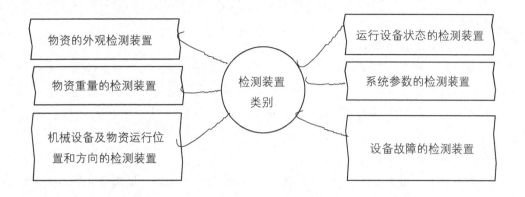

图 9-2　仓库检测装置类别

（2）信息识别装置

在智能化仓库中，信息识别装置用于对货物品名、类别、货号、数量、等级、目的地、生产厂，甚至货位地址等信息的采集与识别，主要有条形码、磁条、光学字符和射频等识别技术。

（3）控制装置

控制装置是有效控制仓库内各类存取、输送设备的装置，可确保智能化仓库的自动运转。企业中常见的有普通开关、继电器、微处理器、单片机及可编程序控制器等。企业通过智能化仓库中的控制系统将控制装置进行适当的组合，从而达到对设备控制的要求。

（4）监控及调度设备

监控及调度设备是智能化仓库的信息枢纽，负责协调系统中各部分的运行，主要用于监控智能仓库中各设备的运行任务、运行路径、运行方向，并根据情况对其进行调度，使其能够按照指挥系统的命令进行货物搬运作业，同时，仓库管理员还可通过监控系统的监视画面，直观地看到各设备的运行情况。

（5）计算机管理系统

计算机管理系统（主机系统）是自动化仓库的指挥中心，它指挥着仓库中各设备的运行。计算机管理系统主要完成整个仓库的账目管理和作业管理，并担负着与上级系统的通信和企业管理系统的部分任务。

一般的智能化仓库管理系统多采用微型计算机为主的系统，对比较大的仓库管理系统也可采用小型计算机。

（6）数据通信设备

在自动化仓库中，为了完成规定的任务，各系统、设备之间要进行大量的信息交换，因此，智能化仓库需要设置高速、稳定的数据通信设备。信息传递的媒介主要有电缆、远红外光、光纤和电磁波等。

（7）大屏幕显示器

自动化仓库中的各种显示设备是为了使人们操作方便，易于观察设备情况而设置的。在操作现场，操作人员可以通过显示设备的指示进行各种搬运拣选，而在中控室或机房，相关人员可以通过屏幕或模拟屏的显示，观察现场的操作及设备情况。

（8）图像监视设备

图像监视设备主要是电视监视系统，它是通过高分辨率、低照度变焦的摄像装置对智能化仓库中的人身及设备安全进行观察，并对主要操作点进行集中监视的现代化装置。

9.1.2.4　计算机控制系统

现代智能仓库是一个综合物资供应系统，也是集物资储存、输送、分配等功能于一体的集成自动化系统。该集成自动化系统一般由计算机管理系统、计算机监控系统、堆垛机控制体系、旋转货架控制系统、输送机控制系统、机自动分拣控制等系统子系统构成。

企业通过计算机系统对其他各种设备的控制，以实现仓库管理工作包装标准化、识别条码化、输送机械化、管理微机化和控制自动化。

9.2　仓库管理系统

9.2.1　流程：仓库管理系统应用流程

仓库管理系统应用流程如图 9-3 所示。

9.2.2　构成：仓库管理系统的构成

仓库管理系统软件由许多功能软件子系统组合构成，仓库管理系统的构成如图 9-4 所示。

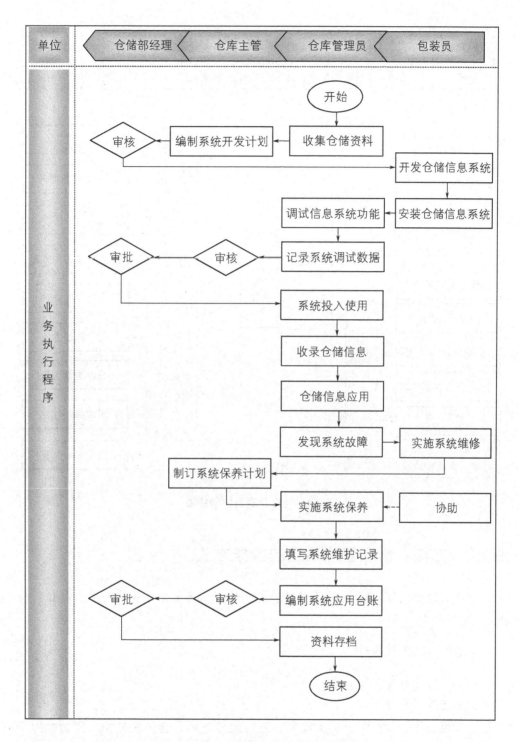

| 单位 | 仓储部经理 | 仓库主管 | 仓库管理员 | 包装员 |

业务执行程序

开始

收集仓储资料 → 编制系统开发计划 → 审核

开发仓储信息系统

安装仓储信息系统 ← 调试信息系统功能

记录系统调试数据 → 审核 → 审批

系统投入使用

收录仓储信息

仓储信息应用

发现系统故障 → 实施系统维修

制订系统保养计划

实施系统保养 ← 协助

填写系统维护记录

编制系统应用台账 → 审核 → 审批

资料存档

结束

图 9-3　仓库管理系统应用流程

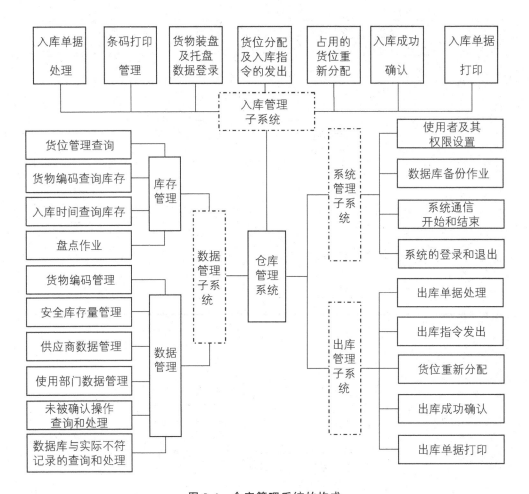

图 9-4　仓库管理系统的构成

9.2.3　方法：仓库管理系统的操作方法

仓库管理系统（WMS）最重要的操作流程是入库和出库操作流程，具体的操作方法如下。

9.2.3.1　入库操作

智能自动化仓库入库流程如图 9-5 所示。

（1）录入入库单

入库后，操作人员需录入入库单。每份入库单可包含多种货物，按货物的不同，又将入库单分成入库分单。

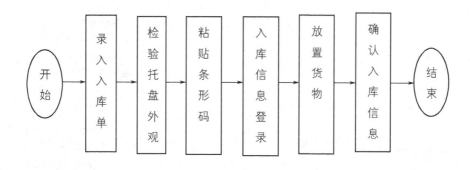

图 9-5　智能自动化仓库入库流程

（2）检验托盘外观

货物均放置在托盘上，检验人员需对货物的外观尺寸进行检验，如检验不合格，需重新包装。

（3）粘贴条形码

检验人员需在检验合格的托盘上贴上条形码标识。

（4）入库信息登录

扫描托盘条形码，确认货物种类和数量，并将信息传递至计算机系统，以完成托盘条形码与所载货物信息的登录。

（5）放置货物

登录完成的货物托盘由管理系统分配储存货位，然后自动搬运装置将其放入指定货位，或由管理系统指导操作人员对货物进行摆放。智能自动化仓库货物入库搬运放置流程如图 9-6 所示。

（6）确认入库信息

操作成功后，管理系统收到成功确认信息，即会修改数据库相关记录，最终完成一次入库操作。

9.2.3.2　出库操作

智能自动化仓库出库流程如图 9-7 所示。

（1）录入出库单

货物出库时，操作人员首先要将出库单输入操作系统。

（2）生成出库信息

仓库管理系统会根据出库单内容以一定规律，生成出库货物项目、出库货位和货位信息。

（3）分拣货物

接到系统生成的出库信息，自动搬运设备自动拣取出库货物，或由操作系统指

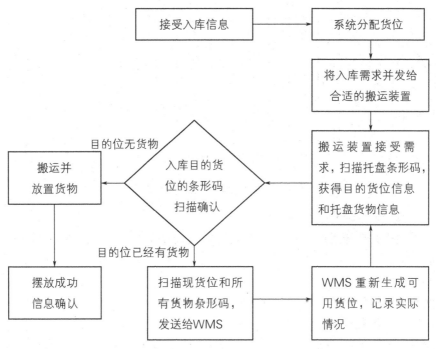

图 9-6 智能自动化仓库货物入库搬运放置流程

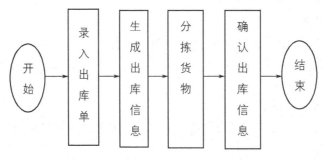

图 9-7 智能自动化仓库出库流程

挥操作人员驾驶机械拣取货物，并将货物运至待出库区。智能自动化仓库货物出库搬运流程如图 9-8 所示。

（4）确认出库信息

当货物出库时，出货终端扫描确认并将信息传递给管理系统。系统收到此确认信息后，修改数据库的相关记录。

9.2.4 工具 1：仓库管理系统维护记录表

仓库管理系统维护记录表如表 9-2 所示。

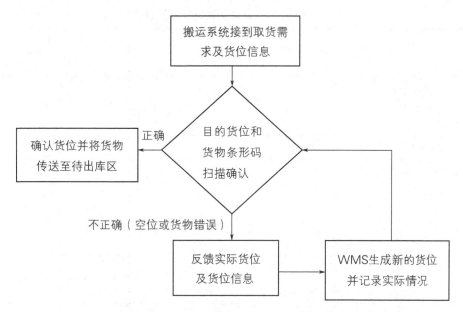

图 9-8　智能自动化仓库货物出库搬运流程

表 9-2　仓库管理系统维护记录表

仓储部		责任人		员工编号	
设备名称		设备编号		维护时间	
出现情况					
维护内容					
备注					
部门主管			执行人		

9.2.5　工具 2：仓库管理系统运行效果评价表

仓库管理系统运行效果评价表如表 9-3 所示。

表 9-3　仓库管理系统运行效果评价表

分析内容	本企业状况	
	是	否
1. 库存量是否适当		
2. 是否充分利用了需求库存信息,使生产、物流、销售形成一系列连贯活动,从而提高效率		
3. 是否缩短了从订货到发货的时间		
4. 是否提高了运输效率		
5. 是否提高了装卸作业的效率		
6. 是否达到了省力的效果(特别是在订货和发货过程中)		
7. 是否提高了工作的精确性		
8. 是否提高了作业的准确性		
9. 是否有力地支援了销售活动,解答各种信息咨询		
10. 是否降低了物流的总成本		
本企业仓储信息系统的优点		
本企业仓储信息的不足		
改进计划		

参考文献

[1] 邹晓春. 仓储部规范化管理工具箱. 第3版. 北京：人民邮电出版社，2013.

[2] 张晓川. 现代仓储物流技术与装备. 第2版. 北京：化学工业出版社，2013.

[3] 韩建国. 仓储管理流程与节点精细化设计. 北京：人民邮电出版社，2014.

[4] 周文泳. 现代仓储管理. 北京：化学工业出版社，2010.

[5] 王兰会. 仓库管理人员岗位培训手册（实战图解版）. 北京：人民邮电出版社，2015.

[6] 李育蔚. 仓储物流精细化管理全案（超值珍藏版）. 北京：人民邮电出版社，2015.